Pyrenäen

Landschaften, Menschen, Zeiten
in Spanien, Frankreich und Andorra

G. Braun

Werner Richner
Fotos
Hermann Ebeling
Texte

G. Braun

Pyrenäen

Landschaften, Menschen, Zeiten
in Spanien, Frankreich und Andorra

G. BRAUN BUCHVERLAG

Karl-Friedrich-Straße 14–18, 76133 Karlsruhe

Gestaltung: Robert Dreikluft

Satz: Barbara Herrmann, Freiburg

Lithos: Specht-Reprotechnik, Karlsruhe

Die Deutsche Bibliothek – CIP-Einheitsaufnahme

Pyrenäen : Landschaften, Menschen, Zeiten in Spanien, Frankreich und Andorra / Werner Richner ; Hermann Ebeling. –
Karlsruhe : Braun, 1998
ISBN 3-7650-8183-3

Inhalt

Zwischen den Meeren, zwischen den Ländern, zwischen Himmel und Erde

Stendhal, der große Schriftsteller, der Snob und Pedant, hat in seinem Reisetagebuch mit gespieltem Entsetzen einmal gefragt: „Pyrenäen, wo seid ihr?“ Auf einer ersten Reise nach Spanien war er an der Küste des Mittelmeers entlanggefahren, auf der alten Römerstraße von Perpignan nach Figueras. Das andere Mal war er im Baskenland in der Kutsche über die Grenze gerollt, von Behobie nach Irún. Und da will er die Pyrenäen nicht gesehen haben? La Rhune ist doch unübersehbar, der mythische Berg der Basken, der im Westen die letzte Bastion der Pyrenäen bildet. Und am Ostrand der Pyrenäen das gewaltige Massiv des Canigou, dessen weithin sichtbarer Gipfel sich fast 2800 Meter hoch erhebt! Tatsächlich aber waren die Pyrenäen dem empfindlichen Dichter zu kalt, zu regnerisch und zu unfreundlich, so daß er, wie ein enttäuschtes Kind, weitergefahren ist ins sonnige Marseille.

Es müßte schwerfallen, die Pyrenäen zu übersehen, in Wirklichkeit und auch auf der Landkarte. „Links unten“ liegen sie für die französischen Schüler auf der Karte ihres Heimatlandes. Vor der Europakarte aber hat man den Eindruck, daß die Natur mit diesem Gebirge, das sich so gradlinig exakt von Meer zu Meer zieht und wie ein dikker Strick die Iberische Halbinsel vom übrigen Europa trennt, kurz, daß die Natur uns mit diesem Gebirge etwas sagen will, etwas wie: „Dies hier ist eine wirkliche, eine endgültige Grenze!“

Doch Stendhal will als Literat mit seiner besorgten rhetorischen Frage natürlich noch etwas anderes sagen, daß nämlich die Pyrenäen ein kompliziertes Gebirge sind, dem man nicht so einfach beikommt. Daran hat sich auch heute nichts geändert. In verschwenderischer Fülle vereinen die Pyrenäen die verschiedensten Landschaftsformen und Landschaftsbilder: hier die bewegten Küsten des Atlantiks, dort die langen Strände des Mittelmeers; dann Täler und langsam ansteigende Hügel, Wälder, höher hinauf Weiden und die Bergwiesen mit ihrem bunten Blumenreichtum, schließlich nur noch der nackte Fels.

Auch der Historiker Jules Michelet, ein jüngerer Zeitgenosse Stendhals, hat mit den Pyrenäen seine Schwierigkeiten gehabt. Er hat seiner großen „Histoire de France“ ein „Tableau de la France“ vorangestellt, ein Porträt des Landes. Aber als er an die Pyrenäen geht, verweist er seine Leser auf die Geologen und die Paläontologen:

Es ist nicht die Aufgabe des Historikers, die Pyrenäen zu beschreiben und zu erklären. Da muß die Wissenschaft Cuviers und Elie de Beaumonts kommen, um diese Geschichte vor der Geschichte zu erzählen. Sie waren dabei und ich war es nicht, als die Natur ihr ungeheures geologisches Abenteuer inszenierte, als die feurige Masse der Erdkugel die Achse der Pyrenäen emporhob, als die Berge sich spalteten und als die Erde, wie unter der Qual einer titanischen Geburt, die schwarze, kahle Maladetta in den Himmel stieß.

Eine tröstliche Hand indessen bedeckte nach und nach die Wunden des Gebirges mit den grünen Wiesen, gegen die selbst die Wiesen der Alpen verblassen. Die Zacken der Gipfel schliffen sich ab und rundeten sich zu schönen Türmen; tiefer gelegene Schichten bildeten auf französischer Seite jene kolossalische Treppe, in der jede Stufe ein ganzer Berg ist.

Noch ein dritter Kronzeuge für die nicht ganz glatte, die eher bedächtige Annäherung an die Pyrenäen sei genannt: Kurt Tucholsky. An ihm und seinem „Pyrenäenbuch“ von 1927 kommt keiner vorbei, der in die Pyrenäen reist – und sei es auch nur im Kopf. Doch Tucholsky hat einmal selbstkritisch und warnend zu dem Buch bemerkt: „Es ist darin mehr von meiner Welt als von den Pyrenäen die Rede.“
Beim Lesen aber kann man sich schnell vom Gegenteil überzeugen: Tucholsky entwirft ein detailreiches Bild der Pyrenäen um 1930; das Kapitel über Lourdes ist fast zu einer kritischen soziologischen Studie geworden. Die bösen, ungerechten Bemerkungen über englische und amerikanische Touristen wollen wir ihm verzeihen.
Inzwischen ist viel Wasser die Flüsse der Pyrenäen hinabgeflossen, die Garonne und den Adour, Ariège und Aude, den Rio Segre und den Rio Aragón. Aber man findet die Pyrenäen Tucholskys natürlich wieder, die Landschaft mit ihren vielen namenlosen Schönheiten und den großen touristischen Attraktionen, die Hotels mit ihrem verblichenen Charme, und der alte Mann, der da um Mitternacht in Saint-Jean-Pied-de-Port auf der Straße steht, mit Baskenmütze, natürlich, und baskisch vor sich hinbrabbelt, weil er wohl den Heimweg nicht findet – er könnte auch Tucholsky begegnet sein. Der aber erzählt in seinem Buch von der Begegnung eines anderen Basken mit einem französischen Adligen:

Ein Graf von Montmorency rühmte einst vor einem Basken das Alter seines Namens, seines Adels, seiner Familie, rühmte, von welch großen Männern er abstamme. Der Baske erwiderte: „Wir Basken, Herr Graf, wir stammen überhaupt nicht ab.“

Damit hatte der Mann – zumindest historisch und ethnologisch gesehen – durchaus recht. Die Herkunft und der Ursprung dieser Volksgruppe liegen im Dunkeln, ihre Sprache Euskera hat keine Verwandten, und ebenso rätselhaft scheint es, wie die Basken über die Jahrtausende hinweg diese Sprache und ihre Kulturgemeinschaft erhalten konnten. Denn das Baskenland liegt durchaus nicht in einem ruhigen Winkel der Weltgeschichte. Seit den Tagen der Antike waren die Pyrenäen und ihr Umland immer wieder Schauplatz großer historischer Auseinandersetzungen und Bewegungen.
Um das Jahr 500 v. Chr. wird von griechischen Geographen eine reiche Stadt Pyrene an der heutigen Costa Brava erwähnt – die Stadt ist aus der Geschichte verschwunden, aber ihr Name blieb in den „Pyrenäen“ bis heute erhalten. Dann kamen die Jahrhunderte des Römischen Weltreichs, Hannibal, Caesar, kommt die Völkerwanderung, entsteht und vergeht das Reich der Westgoten, dringt der Islam bis zu den Pyrenäen vor, kommen die Jahrhunderte der Reconquista, entsteht langsam das politische Gerüst der heutigen Grenzen.
Mehr als eine politische Grenze sind die Pyrenäen aber nie gewesen. Das Baskenland hat seinen französischen und seinen spanischen Teil. Auch das historische Katalonien wird heute von der französisch-spanischen Grenze durchzogen, und in Andorra ist katalanisch die offizielle Landessprache. Die meisterlichen Bauwerke der katalonischen Romanik finden sich beiderseits der Pyrenäen, und die Pyrenäenpässe sorgten immer für einen regen Austausch zwischen Nord und Süd – man denke nur an den „Jakobsweg“, die Pilgerstraße nach Santiago de Compostela.
Aus der Ferne freilich wurden die Pyrenäen zu einer fast mythischen Wildnis. Dort, im Blute watend, hatte Roland mit seinen Gefährten gegen Hunderttausende von Sarazenen gekämpft, dort hatte die Kirche einen gnadenlosen Kreuzzug gegen die Katharer, die Ketzer, geführt – und selbst die Naturgewalten schienen dort gegen alles Leben zu kämpfen:

Der Winter bricht hier nämlich ungewöhnlich früh und mit allen seinen Schrecknissen herein, daß alles bei seinem Herannahen eiligst entflieht und selbst dem Bären und Wolfe das öde Tal unwirtlich scheint. Dichte Massen von Schnee bedecken dann Berg und Tal. Das monotone Brausen des Bastan verschwindet, und zu dem fürchterlichen Sausen mächtiger Orkane gesellt sich der donnernde Schall herabstürzender Lawinen.

So wild-romantisch wie Barèges, das hier 1855 beschrieben wird, waren sie alle, die fashionablen Modebäder des 19. Jahrhunderts: Cauterets und Eaux-Bonnes, Bagnères-de-Luchon und Panticosa auf der spanischen Seite. Heute setzen sie auf einen demokratischer gewordenen Tourismus, und die Schrecken der Pyrenäen-Winter sind längst vergessen. Der Tourismus hat mit Pisten und Sesselliften auch die kalte Jahreszeit erobert.
Doch die Pyrenäen sind eine Landschaft mit ganz eigenem Gesicht geblieben: heiter, wenn sich vor unseren Augen ein liebliches Tal öffnet; tragisch, wenn wir in den Ruinen einer Katharerburg stehen; vertraut, wenn uns auf den Wiesen friedlich weidende Kühe begegnen; fremd, wenn wir die Leute im Baskenland baskisch reden hören; gemütlich, wenn man auf einer Café-Terrasse ein Glas Rosé trinkt oder einen Apéritif; unheimlich, wenn der Sturm Regen und Wolkenfetzen über die Paßhöhe treibt; ergreifend in den kleinen romanischen Dorfkirchen; surreal und komisch im Dali-Museum von Figueras. Fast könnte man in Gefahr geraten, vor lauter Details die Pyrenäen nicht zu sehen: „Pyrenäen, wo seid ihr?“

Ländliche Matrone in Cadaqués, Erinnerung an die Zeit, als Dali hier die Modelle für seine Bilder fand – oder Türhüterin vor der Welt der Pyrenäen?

Saint-Jean-de-Luz zwischen Atlantik und Gebirge. Aus dem berüchtigten Korsarenunterschlupf ist längst ein mondänes Seebad mit zwei Kilometer langem Strand geworden.

Über das Baskenland, hier die Grenzregion zwischen Frankreich und Spanien bei Hendaye, wacht La Rhune, der mythisch-heilige Berg der Basken. Heute führt eine Zahnradbahn hinauf.

Abendstimmung bei Cadaqués: die Sonne geht unter, die Boote dümpeln vor sich hin, die letzte Möwe kehrt vom Fischfang zurück.

Auf der Route de la Corniche an der Côte Basque entdeckt man zwischen Socoa und Abbadia eine spektakuläre, wildromantische Küstenlandschaft.

Mit einiger Fantasie kann man sich hier an den schrägen Felsklippen der Côte Basque vorstellen, wie die Pyrenäen in langen Jahrmillionen von den Bewegungen der Erdkruste emporgeschoben wurden.

Zaghaft erkundet die Sonne die Landschaft um Lourdes – nein, das ist noch nicht die Basilika, die ist viel verschnörkelter.

Jahr für Jahr kommen fünf Millionen Pilger nach Lourdes. In diese ländliche Einsamkeit, nur ein paar Kilometer von der Stadt entfernt, verlieren sich die wenigsten.

Über 1000 Meter hoch liegt das Dörfchen Torla mit seiner Wehrkirche (16. – 18. Jahrhundert) am Zugang zum spanischen Ordesa-Nationalpark und dem Monte Perdido mit seinen 3350 Metern.

Idylle hier: unter blühenden Mandelbäumen – Josse, auf keiner Landkarte zu finden, aber es liegt im lieblichen Tal des Adour.

Idylle dort: unter japanischem Apfelbaum, zwischen „buisson ardent" und „monnaie du Pape" – Saubusse, auf keiner Landkarte zu finden, doch auch dieses Landhaus liegt im Tal des Adour. In jener Gegend unterhalten sich Romangestalten Jean Pauls, der nie in den Pyrenäen gewesen ist, über die Unsterblichkeit der Seele.

Am Fuß der Sierra de Leyre mit riesigen Mergelhalden liegt der Embalse de Yesa, der in den fünfziger Jahren aufgestaute See am Oberlauf des Aragon.

Nächste Seite:

Nach uraltem Recht und Brauch treiben die spanischen Hirten noch heute im Sommer ihre Herden über den Col de la Bernatoire in das französische Tal von Ossoue, das von Gavarnie zum Vignemale hinaufführt.

Wie die bunten Bergwiesen oder die nackten Felsen gehören auch die Wälder, vor allem Buchen, aber auch Eichen, zum Ökosystem und zum Bild der Pyrenäenlandschaft. Hier eine Szenerie beim Mont Coronat im Conflent.

Nächste Seite:

Wie eine trotzige Antwort auf die drei mächtigen Türme der Burg von Foix, zwölf Kilometer flußabwärts im Tal der Ariège, nennt sich dieser Turm bei Arignac „Montorgueil“: Stolzenberg!

Der nächtliche Spuk des Elfenreigens ist vorbei, aber es liegt immer noch ein Zauber über den (aufgestauten) Wassern des Rio Noguera Ribogorçana (hier bei Puente de Montañana).

Die Cascade d'Arises, nur ein Katzensprung vom Campaner Tal und vom kahlen Gipfel des Pic du Midi, aber auch nur ein Katzensprung von La Mongie, dem großen Ski-Zentrum.

Entdeckungsreise im Gebirge oder ein naturkundliches Allerlei

Zugegeben, der Titel ist ein bißchen umständlich: „Die Vasken oder Bemerkungen auf einer Reise durch Biscaya und das Französische Basquenland im Frühling des Jahres 1801, nebst Untersuchungen über die Vaskische Sprache und Nation, und einer kurzen Darstellung ihrer Grammatik und ihres Wörtervorraths".

So hatte Wilhelm von Humboldt, der ältere Bruder des Naturforschers Alexander von Humboldt, seinem Verleger Campe ein Buch angekündigt. Aber dann war Humboldt nach Rom gegangen und hatte in der an Kultur und Kunst überreichen Stadt „nach und nach immer mehr Überdruß vor den barbarischen Studien, d. h. den Vasken", empfunden, so daß das Manuskript der Reisebeschreibung schließlich in einer Schublade verschwand und erst 1920 aus dem Nachlaß veröffentlicht wurde.

Wilhelm von Humboldt hatte sich zu Anfang des 19. Jahrhunderts in Paris aufgehalten, ganz seinen weitverzweigten Studien und Forschungen hingegeben, Philosophie und Literatur, Staatswissenschaft und Altertumskunde, entschloß sich dann aber von einem Tag auf den anderen zu einer Reise in das Baskenland: die seltsame Sprache der Basken lockte ihn. Im Lande aber entdeckte er dann eine eigenständige Kultur, eine Gesellschaft, die sich ihren Charakter über die Jahrhunderte, wenn nicht über die Jahrtausende hinweg hatte bewahren können. Humboldt entdeckte aber auch die Biskaya und die Pyrenäen:

Nie ist mir die tote und rohe Masse der Schöpfung so übergewaltig vorgekommen, nie der Keim des Lebens in der Natur dagegen so schwach und ohnmächtig, als hier zwischen den Pyrenäen und dem Ozean. In den Gebirgen jene ungeheuern, von keinem milderen Grün umkleideten Felsmassen, das Bild einer ewig untätigen Ruhe, einer Last, die, immer auf den Mittelpunkt ihrer Schwere drückend, nur zusammenzustürzen droht, um sich noch fester an einander ballend jedes freie Lebensspiel zu ersticken. Was dagegen bei dem Anblick des Meers die Einbildungskraft bis zum Entsetzen anspannt, ist die fürchterliche, sich mit unglaublicher Geschwindigkeit nach allen Seiten zugleich fortpflanzende, von dem unbedeutendsten Stoß die ungeheuerste Tiefe aufwühlende, den ganzen Erdkreis erschütternde Beweglichkeit. Vor diesen allgewaltigen Kräften einer doppelten Zerstörung, dort durch in sich zusammenstürzende Schwere, hier durch ewig mit sich reißendes Rollen, beide in toten, blinden und ungeschiedenen Massen, vor diesen wüsten Elementen des Chaos scheint jede lebendige Kraft verschwinden und verstummen zu müssen.

So erlebte ein gebildeter, wissenschaftlich interessierter Reisender vor zwei Jahrhunderten den Anblick von Meer und Gebirge. Man möchte ihn um seine seelische Bewegung fast beneiden. Freilich, wenn man sich in die geologische Geschichte der Pyrenäen ein bißchen vertieft, dann kann man schon ergriffen werden von diesem dramatischen Jahrmillionen-Prozeß, wie sich da ganze Kontinente verschieben, wie der europäische Sockel und die iberische Scholle zusammenstoßen, wie die Randzonen nach oben geschoben werden, wie Meere entstehen und vergehen – das Resultat, oder der vorläufig letzte Akt dieses gigantischen Schauspiels, sind die Pyrenäen, ein Hochgebirge, das sich über 435 Kilometer von der Bis-

kaya zum Mittelmeer erstreckt. Die Breite, die Nord-Süd-Erstreckung also, geht bis ungefähr 100 Kilometer. Nach Norden hin ist der Abfall des Gebirges eher abrupt, eine geographische Grenzziehung am Fuß des Gebirges also naheliegend: die Grenze verläuft etwas südlich von St. Jean-de-Luz über Hasparren zum Gave d'Oloron, von dort über Lourdes nach St. Martory an der Garonne und schließlich – unter Einbeziehung der sogenannten „Kleinen Pyrenäen", der „Petites Pyrénées", – am Nordrand der Montagnes du Plantaurel entlang hinüber bis in Sichtweite des Mittelmeers. Auf der Südseite hat es die Natur den Geologen und Geographen weniger leicht gemacht: der Übergang zwischen Gebirge und Vorland ist fließender, unauffälliger. So kann man sich in landeskundlicher Hinsicht mit einer Linie Pamplona – Sangüesa – Huesca – Artesa de Segre – Berga – Ripoll – Figueras behelfen.
Bleibt beim Versuch einer ganz sachlichen Abgrenzung der Pyrenäen nach Länge und Nord-Süd-Ausdehnung nur noch die Höhe: 3355 Meter hat der Monte Perdido, 3375 Meter der Posets, 3404 Meter der Aneto, alle drei in Spanien, die beiden letzteren im Maladeta-Massiv. Auch das nur Zahlen – aber seltsam: diese nüchternen Höhenangaben lösen etwas aus in uns, man denkt an „Dreitausender", Einsamkeit der Berge, Kletterabenteuer, ahnt eine andere Welt als die der Ebene. Und immer wieder natürlich sind Einheimische und Besucher dem Zauber dieser Gebirgslandschaft verfallen.

Der „Cirque de Gavarnie" – das geheimnisvollste Bauwerk des geheimnisvollsten aller Architekten

Doch zuerst mußte sie „entdeckt" werden. Selbst den unstreitigen Höhepunkt aller Natur-Sehenswürdigkeiten in den Pyrenäen, den „Cirque de Gavarnie", haben die frühen Besucher oder Wanderer schlichtweg übersehen: Gavarnie, ein gigantischer Talkessel mit 300, 400 Meter hohen Wänden, über die in Kaskaden ein Dutzend Gießbäche herabstürzen. 1769 etwa ist der Schauspieler Lekain von der Comédie Française zu einer Kur im nahen Barèges „pour boire du soufre", wie man sagt, „um Schwefel zu trinken". In einem Brief berichtet er:

Das Einzige, was man sich in Barèges gestatten kann, das ist: Nachbarn zu besuchen, die Messe zu hören, zu spielen und manchmal nach Gavarnie essen zu gehen. Nach dem Essen besichtigt man einen Wasserfall, der so hoch ist wie der des Niagara in Nordamerika und dessen Geräusch man eine halbe Meile weit hören kann.

Kein Wort vom „Cirque de Gavarnie", in dem er doch gestanden hat. Ebensowenig haben die ersten wissenschaftlich an den Pyrenäen Interessierten den Riesenkessel von Gavarnie als Wunderwerk der Erosion bemerkt. Die Blicke richteten sich immer nur auf den größten der Katarakte mit seiner Höhe von über 400 Metern. So nimmt es nicht weiter wunder, daß auf der ersten detaillierten Landkarte der Pyrenäen von 1719, die zwei Militär-Ingenieure angefertigt haben, anstelle des Cirque de Gavarnie ein See mit verschiedenen Buchten zu sehen ist. Und gleich daneben haben die Herren Ingenieure auch noch einen zweiten See erfunden, den „Lac du Mont-Perdu".
Doch bald kam die große Zeit der Pyrenäen, kam die romantische Naturbegeisterung, und der Cirque de Gavarnie wurde aus seinem hunderttausendjährigen Schlaf geweckt. Die Wallfahrt dorthin gehörte in das Programm jeder Pyrenäenreise und jeder Thermalkur. Und wer schreiben konnte, der brachte seine Eindrücke zu Papier: Lamartine und Chateaubriand, George Sand, Alfred de Musset und Viollet-le-Duc. Da durfte auch Victor Hugo nicht fehlen. Rheumatismus und Augenleiden plagten ihn, und dann gab es noch ein drittes, vielleicht ausschlaggebendes Argument: eine Frau, eine Schauspielerin, Victor Hugos Geliebte Juliette Drouet. Diese Liaison dauerte jahrzehntelang, sie war ein offenes Geheimnis, aber Hugo vermied es nach Möglichkeit, mit Juliette öffentlich in Erscheinung zu treten. Auf der „Rheinreise" war sie dabeigewesen, aber in dem Buch darüber kommt sie natürlich nicht vor. Und jetzt fährt man in die Pyrenäen, eine Arbeitsreise, Hugo schreibt, notiert, zeichnet, liest – auch er will schließlich ein Pyrenäenbuch aufweisen können.
Aber dann kommt eine Katastrophe: in der Zeitung liest er, daß seine Tochter Leopoldine und ihr Gemahl bei einer Bootsfahrt auf der Seine ertrunken sind. Die Reise wird abgebrochen, die Aufzeichnungen, die Hugo gemacht hat, und das Tagebuch Juliette Drouets werden erst aus dem Nachlaß veröffentlicht. Neben Notizen, Kritzeleien, Stichworten finden sich da auch ausgearbeitete Passagen – so die erste Begegnung mit dem Cirque de Gavarnie, als Brief an einen fiktiven Freund:

Sie sind vielleicht in den Alpen, in den Anden, in den Cordilleren gewesen; und jetzt haben Sie seit ein paar Wochen die Pyrenäen vor Augen. Was auch immer Sie gesehen haben können, das, was Sie jetzt erblicken, ist mit nichts, was Ihnen anderswo begegnet ist, zu vergleichen. Bisher haben Sie Berge gesehen, Sie haben Erhebungen in allen möglichen Formen und von ganz verschiedener Höhe betrachtet; Sie haben grüne Bergrücken erforscht, Hänge von Gneiss, Marmor oder Schiefer, Abgründe, gerundete oder gezackte Gipfel, Gletscher, in Wolken gehüllte Tannenwälder, Granitnadeln, Eisnadeln, aber – ich widerhole es – was Sie in diesem Augenblick am Horizont sehen, das haben Sie noch nirgendwo gesehen.
Inmitten der eigenwilligen, von stumpfen und spitzen Winkeln starrenden Kurven der Berge erscheinen plötzlich grade Linien, einfache, ruhige, horizontale und vertikale Linien, parrallel oder sich in rechten Winkeln schneidend und so angeordnet, daß aus dem Ganzen die auffällige, ganz reale, von Azur und Sonnenlicht durchtränkte Form eines unmöglichen und außerordentlichen Objektes entsteht. Ist das ein Berg? Aber welcher Berg hatte jemals diese gradlinigen Oberflächen, diese strengen Parallelismen, diese fremdartigen Symmetrien, dieses geometrische Aussehen? Ist das eine Mauer? Ja, da sind wirklich Türme, die sie wie mit Strebepfeilern stützen,

da sind Schießscharten, da sind Gesimse, Architrave, da sind die Steinlagen und die einzelnen Steine, die der Blick unterscheidet und die man fast zählen könnte; und dort sind zwei in den Fels geschlagene Breschen, die in unserem Geist Vorstellungen von Belagerung, von Gräben und Sturmangriffen wachrufen.

Aber da ist auch Schnee! Breite Schneebänder, die auf den Steinschichten, den Schießscharten, den Architraven und den Türmen liegen! Wir sind mitten im Sommer und tief im Süden – das ist also ewiger Schnee. Doch welche Mauer, welche menschliche Architektur reichte jemals bis in die schreckliche Höhe des ewigen Schnees? Babel, diese gemeinsame Anstrengung des ganzen Menschengeschlechts, ist in sich zusammengestürzt, bevor diese Höhe erreicht war.

Was ist es also, dieses unerklärliche Objekt, das kein Berg sein kann und doch die Höhe der Berge hat, das keine Mauer sein kann und doch die Form einer Mauer hat. Es ist ein Berg und eine Mauer zugleich, es ist das geheimnisvollste Bauwerk des geheimnisvollsten aller Architekten: es ist das Kolosseum der Natur, es ist Gavarnie.

Wenn man heute den Cirque de Gavarnie beschaut, und wenn man diesen (hier wohl zum ersten Mal ins Deutsche übersetzten) Text von Victor Hugo liest, kann man sich fast fragen, was man mehr bewundern soll: das Schauspiel der Natur oder die Raffinesse, mit der Hugo diese Natur in Literatur verwandelt. Es fehlt, bei allen Göttern und Genien der Natur, nicht an Beschreibungen dieses geologischen Wunders, aber meistens tun sie es nicht unter exaltierten Ausrufen des Staunens und der Ergriffenheit. Nur auf Kurt Tucholsky müssen wir dezent mit dem Finger deuten: das Ganze sei schön anzusehen, meint er in seinem „Pyrenäenbuch", aber warum so ein Geschrei daraus gemacht werde, wisse er nicht. Und im übrigen erinnere die Sache ein bißchen an die Sächsische Schweiz.

Bleibt für uns am Schluß eigentlich nur noch die Frage, wie solche „Bauwerke" der Natur zustande kommen. Die ersten Gelehrten vergangener Jahrhunderte, die sich darüber den Kopf zerbrachen, vermuteten, daß man es da mit den Zeugen gewaltiger erdgeschichtlicher Katastrophen zu tun hatte: vielleicht stand man vor den Ruinen eingestürzter unterseeischer Höhlen, vielleicht aber auch vor den erstarrten Lavamassen vorzeitlicher Vulkanausbrüche. Aber erst, als man es wagte, am biblischen Schöpfungsmythos zu zweifeln und der Erde ein Alter von mehr als 6000 Jahren zubilligte, konnte man der Wahrheit näherkommen und die Täler und Kessel in den Gebirgen als Ergebnis jahrmillionenlanger Erosion begreifen. Das Relief der Zentralpyrenäen, wie es sich heute dem Geologen oder dem Touristen darstellt, ist vor allem ein Werk der eiszeitlichen Vergletscherung. Die Schotterablagerungen im nördlichen und südlichen Vorland machen deutlich, wie stark diese Vergletscherung das Bild des Gebirges verändert hat. Typisch sind die Kare und Trogtäler – der Geologe spricht vom „glazigen überformten Rumpftreppenrelief"; der Wanderer aber entdeckt ein „Kolosseum der Natur", vergleichbar nur dem Inneren der Hagia Sophia in Konstantinopel, wie ein anderer Autor schreibt. Eine Gräfin de l'Epine, über die es sonst nichts zu berichten gibt, ist mit dem Aufschrei eines religiösen Herzens in die Gavarnie-Literatur eingegangen: „Hierher soll er kommen, der Atheist, hierher soll er kommen und es dann noch wagen, seinen Gott zu verleugnen!" Zu guter Letzt aber sei an den satirischen Zeichner Gavarni erinnert, der eigentlich Sulpice Chevalier hieß, aus Paris stammte, sich aber von der Landschaft um den Cirque de Gavarnie so faszinieren ließ, daß er sich „Gavarni" als Künstlernamen gab. Nur auf das Schluß-e hat er um der artistischen Eleganz willen verzichtet. Allerdings hat Gavarni sein künstlerisches Lebenswerk nicht dem Schauspiel der Natur gewidmet, sondern den Komödien, den Grotesken und Dramen der menschlichen Gesellschaft.

Zwischen Landflucht und Tourismus: Cerdagne, Capcir und die „Gorges de l'Aude"

Doch die Pyrenäen konnten sich, nachdem sie erst einmal „entdeckt" waren, über mangelndes künstlerisches Interesse und fehlende literarische Aufmerksamkeit nicht beklagen. Desgleichen haben die Naturwissenschaftler das Gebirge als ein lebendiges Museum der Natur erobert – manchmal auf Umwegen, die eher verwirrend scheinen.

Da werden etwa die Torfmoore zum Objekt der Klimaforschung: Jahr für Jahr geht durch den Pollenflug eine Art „Pollenregen" auf die Landschaft nieder, so daß ein langsam wachsendes Moor zu einem natürlichen Archiv dieses sich jährlich wiederholenden Pollenflugs wird. Mit der Pollenanalyse (und der Radiokarbon-Methode) läßt sich dann die Geschichte der am Ort vorhandenen Pflanzengesellschaft und, daraus erschlossen, auch die Geschichte der Wetterverhältnisse und des Klimas schreiben.

So weiß man etwa – um wenigstens ein typisches Beispiel zu nennen – daß die Hakenkiefer, le pin à crochets, am Ende der Eiszeit in den östlichen Pyrenäen in Höhen zwischen 800 und 1000 Meter wuchs und höchstens bis 1300 Meter stieg. Darüber hinaus gab es nur noch den „alpinen" Grasbewuchs und allenfalls ein paar Wacholder. Heute sind Hakenkieferwälder bis in 1800 Meter Höhe heimisch; auf den alten, niedriger gelegenen Standorten haben sich Buchenwälder angesiedelt.

Seit ungefähr 7000 Jahren entspricht das Klima etwa dem heutigen. Natürlich gab es immer wieder leichte Klimaschwankungen, so vor drei- oder viertausend Jahren, als es über einen längeren Zeitraum hinweg kälter wurde, die Feuchtigkeit aber anstieg. Das führte zu einer bedeutenden Ausbreitung der Buchenwälder. Schon vorher aber hatte der Mensch begonnen, Wälder zu roden und den Boden dann als Weideland zu nutzen oder aber dort Getreide anzubauen: mit der Pollenanalyse konnte man feststellen, daß etwa im Capcir, dieser von Bergen umgebenen Hochebene am Oberlauf der Aude, um 5000 v. Chr. das erste Getreide angepflanzt wurde.

Durch bäuerliche Augen betrachtet, sind diese archäologischen Erkenntnisse, die man in einem Torfmoor des Capcir gewonnen hat, fast eine böse Ironie der Geschichte. Denn gerade das Capcir ist ein frühes Opfer von Agrarkrise und Landflucht geworden. Das wirtschaftliche Leben des Capcir beruhte auf Holzwirtschaft und Rinderzucht, litt aber immer unter der Abgeschlossenheit der Dörfer durch den Wall der umgebenden Berge, Madres mit 2500 Meter im Osten, der Pic Carlit mit 2900 Meter im Westen. So hat die Landschaft seit dem 19. Jahrhundert 70 Prozent ihrer Bevölkerung verloren. „Le grand guide des Pyrénées", den der Wanderverein der Pyrenäen herausgegeben hat, nennt die Einwohnerzahlen verschiedener Dörfer: Puyvalador – 82, La Llagonne – 243, Réal – 25, Railleu – 11, Sansa – 7, Caudiès – 2 Einwohner, dazu eine Kirche aus dem 17. Jahrhundert. Der Geograph François Taillefer hat versucht, diesen Prozeß, der in den Pyrenäen ja nicht nur das Capcir betrifft, zu beschreiben:

Die Gemarkungen, die die Dörfer mit einem Kranz landwirtschaftlicher Kulturen umgaben, sind von brachliegenden Parzellen übersät. Wenn die Aufgabe der Bewirtschaftung nur einige Jahre zurückliegt, dann ist das Feld von einem weichen Teppich aus Farnkraut bedeckt. Ist das Land schon länger unbebaut, so ist ein unwirtlicher Heide- und Ginsterbewuchs entstanden. Wurden die Felder aber schon am Ende des 19. Jahrhunderts aufgegeben, dann versperrt ein dorniges Dickicht von Stechginster, aus dem ein paar Bäume ragen, den Zugang.
Das alte Dorf ist jetzt inmitten von stachligem Ödland und undurchdringlichem Buschwerk isoliert. Es ist nur über die Nabelschnur der asphaltierten Straße zu erreichen. Diese allein verbindet das Dorf noch mit der Außenwelt, aus der die Lebensmittel, die Post, die ärztliche Versorgung und sogar die Einwohner selbst kommen, wenn anstelle der Bauernhäuser Zweitwohnsitze entstanden sind.

Im Mißgeschick einer isolierten Lage steckte aber auch die Verheißung einer großen touristischen Zukunft: in dem großen Talkessel bleibt der Schnee lange liegen, die Sonneneinstrahlung ist ungewöhnlich groß – die Wintersportsaison dauert hier also immer mehrere Monate, und der topfebene Boden des ehemaligen Gletschersees ist dann von mehr als 70 km Langlaufpisten überzogen.
Wir aber standen an einem unwahrscheinlich schönen Herbsttag in Mont-Louis, auf halbem Weg zwischen Cerdagne und Capcir. Dort muß man sich entscheiden, wenn man von Spanien kommt, ob man durch das Tal des Têt hinunterfahren will nach Perpignan und ans Mittelmeer, oder ob man der Aude folgt und Richtung nimmt auf Carcassonne. Wir haben uns für die Aude entschieden, vielleicht um noch etwas länger auf der Höhe zu bleiben. Man fährt über den Col de la Quillane und sieht dann bald das Capcir vor sich liegen, ein ganz ungewöhnliches Landschaftsbild in Europa, diese topfebene Fläche, und unmittelbar dahinter die Zweieinhalbtausender. Afrika? Amerika? Aber dort waren wir noch nie.
Die Landschaft ist einsam. Vom Wintersport ist nichts zu merken, die Sommerferien sind vorbei, und selbst in den großen Stauseen, dem Lac de Matemale oder dem Lac de Puyvalor ist Platz für viel mehr Wasser.

Und dann ist das Stück „Capcir" mit seinen prächtigen Großraumkulissen unversehends zu Ende, und wir geraten in das nächste Stück: „Wolfsschlucht"? Die bisher gerade und gut ausgebaute Straße wird enger, beginnt zu schlängeln, längst ist die Aussicht auf die Berge von Bäumen verstellt – man fährt in eine Schlucht hinunter. Erst am Ende des letzten Jahrhunderts ist diese Straße durch die „Gorges de l'Aude" gebaut worden, von der Natur selbst in drei Akte unterteilt: die eigentlichen „Gorges de l'Aude", dann die „Gorges de St. Georges", und schließlich das „Defilé de Pierre-Lys".
Zu Beginn fährt man noch durch Wälder, durch ein waldiges Tal, Fichten, Eichen, Buchen, die Nachmittagssonne läßt die bunten Blätter leuchten, aber es wird schnell dunkler, es wird feucht und kühl, immer weiter abwärts führt die Straße, zur einen Seite der steile Hang, zur anderen das Rauschen des Flusses. Und dorthin, ins ewige Dunkel und Dämmerlicht, hat man die Thermalbäder von Escouloubre und Carcanières gebaut, längst nicht mehr genutzt, rissig und grau stehen die Gebäude, zwei- und dreistöckig, weil kein Platz war, in die Breite zu bauen, dann fährt man durch Usson-les-Bains, ein Geisterdorf, aber hochgerühmt seine Quelle, „la Fontaine des Plaies", zur Heilung von Hautkrankheiten: Schwefelgeruch liegt in der Luft.
Immer weiter abwärts führt die Straße, die Schlucht wird enger, jetzt ist kein Platz mehr für Thermalbäder und Geisterdörfer, die eine Hälfte der Straße ist über den Fluß gebaut, die andere Hälfte in den Felsen geschlagen, eher ein Sträßchen als eine Straße; der Gott der Unterwelt verschone uns jetzt vor einem Langholzfuhrwerk. 20 oder 25 Meter sind die senkrechten Felswände voneinander entfernt, 300 bis 350 Meter steigen sie hoch in den Himmel, der irgendwo da oben sein muß.
Ende des zweiten Aktes. Die Schlucht hat sich geöffnet, läßt Platz in einem Kessel für das Dörfchen Axat, aber dann schließt sich die Erde wieder, bis zu 700 Metern Höhe ragen die Kalkwände hier im letzten Teil der Schlucht, den „Gorges de Pierre-Lys". „Le lis" heißt die Lilie auf französisch, und man hat sich, angesichts des heimlichen und unauslöschlichen Royalismus der Franzosen, schnell etwas zusammengereimt: Oben am Anfang der Straße liegt Mont-Louis, eine Vaubansche Festungsanlage, benannt nach Ludwig XIV., unten am Ende der Straße dann die Reverenz vor der Lilie, dem Emblem des französischen Königtums. Aber es gibt keine Lilien in der Schlucht, nur Steine und Felsgeröll. Die Lokalhistoriker verraten uns denn auch, daß „lys" aus dem Keltischen oder Gallischen stammen müsse und einfach „Stein" heiße: Pierre-Lys, Stein-Stein.
Das Schlußtableau unseres Naturschauspiels ist noch einmal spektakulär: ein kurzer Tunnel durch den Felsen. Auch sein Name setzt die Phantasie des Reisenden in Bewegung: „le Trou du Curé". Was mag es damit auf sich haben? Nein, wir erfahren keine Geschichte von Höllenfahrt und ähnlichem. Der Pfarrer aus dem nächsten Dorf hat den Tunnel mit seinen Gläubigen in zwanzigjähriger

Arbeit durch den Fels geschlagen. Auf dem Marktplatz von Quillan hat man ihm ein Denkmal gesetzt. Dort steht er, mit der Spitzhacke in der Hand. Und ihm zu Ehren heißt der Tunnel „Pfaffenloch". Durch Quillan – allen Franzosen als Hochburg des Rugby geläufig – ist man schnell hindurchgefahren, und wenn der Urlaub zu Ende geht, kann man in einer knappen Stunde bei Carcassonne auf der Autobahn sein. Hat man aber Zeit, dann kann man überlegen, durch welches Tal man wieder auf die Höhe fahren will.

Cauterets und Ortega y Gasset und die Problematik einer vertikalen Landschaft

Der Straßenbau in den Pyrenäen – und die „Gorges de l'Aude" belegen es aufs beste – ist ein schwieriges Unternehmen. Verkehrsgeographisch gesehen aber sind die Pyrenäen eine eher simple Angelegenheit. Mit Ausnahme der Têt und des Tech, die in nordöstlicher Richtung zum Mittelmeer fließen, verlaufen die Täler alle im großen und ganzen in Nord-Süd-Richtung, sowohl auf französischer wie auf spanischer Seite. Diesen Tälern sind die Straßenbauer natürlich gefolgt, und auch dem Beispiel jenes Pfarrers von Quillan: unter manchem Pyrenäenpaß kann man inzwischen hindurchfahren, ohne Angst vor Schnee und Eis, vor Nebel und Gewitter, vor Haarnadelkurven und kochendem Kühlwasser.

Aber was alles entgeht dem Menschen im Tunnel! Die Lust, oben auf der Paßhöhe anzuhalten und tief einzuatmen. Hinter dir Frankreich, vor dir Spanien! – oder umgekehrt. Soweit das Auge reicht, nur Landschaft: Wiese und Wald, sanfte Hänge und steile Abstürze, nackter Fels und oft auch Schnee. Aber seltsam: nicht jeder erlebt im Gebirge Sternstunden für Auge und Gemüt. Noch den Menschen des 18. Jahrhunderts war das alles zu wild, zu chaotisch, und selbst in unserem Jahrhundert formuliert ein spanischer Philosoph höchst kritische Gedanken beim Anblick des Gebirges. 1930 schreibt Ortega y Gasset den Essay „El alpe y la sierra" – „Das Gebirge und die Sierra". Er setzt sich da auseinander mit einer vergangenen Romantik, die in der Bergwelt die Erhabenheit entdeckte:

In Wahrheit verwandeln sich diese gewaltigen Berge, wenn man sie nicht als erhaben auffaßt, in bloße Hindernisse. Aus diesem Grund ermüden sie uns heute mehr, als daß sie unser Gemüt bewegten. Und vergebens ist all ihr guter Wille, uns mit Tannen, mit Wasserfällen und Schluchten zu verlocken oder mit dem beständigen Auspuffen dampfender Wölkchen, die sie wie einen zügigen Pfeifenraucher einhüllen. Unsere Reaktion ist ungerecht, aber nicht zu ändern. Ihre Reize dünken uns welk, ihre Szenerie überladen ... Wir kommen nicht um den Gedanken herum, daß sich mit viel weniger Stoff etwas Ausdrucksvolleres, Bewegteres und Köstlicheres hätte schaffen lassen.

Schreibt da Ortega y Gasset mit einem ironischen Augenzwinkern, oder ist es dem Philosophen ganz und gar ernst mit seiner Kritik an der Natur? Entwickelt da ein Ästhet exzentrische Theorien, um sich denn doch von der Herden der Lobredner zu unterscheiden? Empört sich da lateinische Rationalität gegen romantische Naturmystik? Oder steckt doch eine kleine Wahrheit in diesen Gedanken?

Wie dem auch sei: Anlaß für den Essay über Gebirge und Sierra war ein Aufenthalt Ortega y Gassets in Cauterets, und wenn man die Pyrenäen nur aus den Tälern heraus erlebt, kann man in der Tat auf kritische Gedanken kommen. Die Landschaft von Cauterets liege ihm nicht, klagt der Philosoph, sie sei vertikal.

Fast ein Jahrhundert vor dem spanischen Philosophen war der deutsche Dichter Heinrich Heine zur Kur in Cauterets gewesen. Und so wie der Philosoph dort philosophierte, so hat der Dichter dort gedichtet:

Rings umragt von dunklen Bergen,
Die sich trotzig übergipfeln,
Und von wilden Wasserstürzen
Eingelullet wie ein Traumbild,

Liegt im Tal das elegante
Cauterets. Die weißen Häuschen
Mit Balkonen; schöne Damen
Stehn darauf und lachen herzlich.

Herzlich lachend schaun sie nieder
Auf den wimmelnd bunten Marktplatz,
Wo da tanzen Bär und Bärin
Bei des Dudelsackes Klängen.

Atta Troll und seine Gattin,
Die geheißen schwarze Mumma,
Sind die Tänzer, und es jubeln
Vor Bewundrung die Baskesen.

Steif und ernsthaft, mit Grandezza,
Tanzt der edle Atta Troll,
Doch der zottgen Ehehälfte
Fehlt die Würde, fehlt der Anstand.

Ja, es will mich schier bedünken,
Daß sie manchmal cancaniere
Und gemütlos frechen Steißwurfs
An die Grand'-Chaumière erinnre.

Auch der wackre Bärenführer,
Der sie an der Kette leitet,
Scheint die Immoralität
Ihres Tanzes zu bemerken.

Und er langt ihr manchmal über
Einge Hiebe mit der Peitsche,
Und die schwarze Mumma heult dann,
Daß die Berge widerhallen.

Die Heine-Spezialisten haben natürlich längst herausgefunden, was es mit dem Pyrenäenbär Atta Troll auf sich hat und was er in der Heineschen Privatmythologie bedeutet. Atta Troll – das ist der deutsche Michel, der tapsige, tolpatschige Biedermeier; der Bär steht aber auch als Symbol für die sterbende romantische Dichtung, und Heine nennt sein Versepos „Atta Troll – Ein Sommernachtstraum" denn auch das „letzte freie Waldlied der Romantik".

Tänze und Tragödien – die Pyrenäenbären und ihre Schicksale

Uns aber soll dieser Atta Troll nur als ganz alltäglicher Pyrenäenbär interessieren: ursus arctos, der Braunbär, männliche Exemplare 80 bis 300 kg, Länge 1,70 bis 2 Meter, Lebensalter 20 bis 25 Jahre, Allesfresser, aber vorwiegend vegetarisch, geschätzte Population: ungefähr 10 Exemplare. Aber diese Schätzung stammt von 1993 – und die Zeiten sind nicht gut für die Bären.

Dabei hätte der Bär fast zum Wappentier der Pyrenäen werden können. Schon auf den Wänden der eiszeitlichen Höhlen ist er verewigt, aus seinen Knochen wurden Geräte und kleine Schmuckstücke oder Kunstwerke verfertigt; überall in den Pyrenäen stößt man auf Orts- oder Landschaftsnamen, in denen die Bezeichnung für das Tier steckt: die Vallée d'Ossau, das Dorf Urdos zum Beispiel. Nicht zu vergessen die Sagen, die Märchen und Legenden, in denen der Bär eine Rolle spielt. Aber vor allem wurde der Bär natürlich gnadenlos gejagt, nicht zuletzt deswegen, weil er sich im Frühjahr – nach der Hungerkur des Winters in seiner Höhle – am Weidevieh vergriff.

Als gelehrigen Tieren aber stand den Bären noch ein anderes Schicksal bevor: sie wurden gezähmt und dressiert. Man nahm dazu vorzugsweise Jungtiere und brachte ihnen mit eher barbarischen Methoden das Tanzen, den „aufrechten Gang" und andere Dinge bei, deren Anblick des Menschen Herz erfreut. So zogen die Bärenführer von Dorf zu Dorf und ließen ihre Atta Trolls und die schwarzen Mummas tanzen. Mancher Pyrenäenbauer betrieb dieses Geschäft als Nebenerwerb in der schlechten Jahreszeit. Der „mountagnol" zog dann mit seinem Tier hinunter in die Ebene, im Sommer wurde der Bär auf dem Hof gehalten wie ein etwas gefährliches und aus der Fasson geratenes Haustier.

Doch das noblere Vergnügen war natürlich die Bärenjagd. Man praktizierte sie als Treibjagd, die ganz großen Jäger vor dem Herrn aber traten dem Bär gewissermaßen Mann gegen Mann gegenüber: sie näherten sich dem Tier, das sich aufrichtete und seinen Feind mit den Pranken umklammerte oder „umarmte". In diesem Moment stieß der Jäger dem Bären ein langes Messer ins Herz. Zum Schutz gegen die Krallen trug der Mann ein dickes Lederpolster.

Man liest da keine mittelalterliche Legende. Raymond Escholier berichtet diese Einzelheiten in seinem Reisebericht „Mes Pyrénées" von 1949. Und er liefert sogar die gastronomisch-kulinarische Fortsetzung:

Bärenfleisch hat einen ausgezeichneten Geschmack. Man soll es am offenen Holzfeuer braten, denn ein Feinschmecker, der dieses Namens wert ist, kennt nur den Fleischspieß und überläßt den Ofen Leuten mit weniger feinem Gaumen. Im Gegensatz zum Wildschwein läßt man das Bärenfleisch nicht marinieren. Ein am Feuer gegrilltes Bärenfilet ist ein Genuß, der weitaus größer ist als beim besten Rinderfilet, sei es aus der Normandie oder aus dem Charolais.

Erst 1957 wurde die Bärenjagd verboten, 1962 wurde der Bär geschützt. 1983 – auch das gehört zu dieser modernen Legende – starb der letzte wahre Bärentöter: Léon Beulaygue, Bürgermeister von Aston und Wilderer. Er hat den letzten „offziellen" Bären erlegt. Dessen Fell wurde an eine russische Gräfin verkauft. Das Gewicht des Fleisches betrug 200 kg. Vom Generalrat, dem Conseil Général, bekam der Jäger eine Prämie von 100 Francs.

Aber die Geschichte der Pyrenäenbären ist noch nicht zu Ende. 1996 wurden im Hochtal der Garonne zwei Bärinnen aus Slowenien ausgesetzt: Ziva und Mellba, 1997 folgte ein Bär namens Pyros, gleichfalls slowenischer Nationalität. Als im September 1997 aber die Jagdsaison eröffnet wurde, wurde Mellba eines der ersten Opfer. Ein Jäger fühlte sich bedroht und erschoß sie. Drei Bärenjunge blieben zurück – vor einem ungewissen Schicksal.

120 Kilometer weiter westlich, in der Vallée d'Aspe, liegen sich seit Jahren die menschlichen Hilfstruppen der letzten fünf einheimischen Bären und die Lobbyisten eines Straßentunnels unter dem Col du Somport in den Haaren. Resigniert stellt der „Grand Guide des Pyrénées" fest: der Tunnel wird kommen, und der Pyrenäenbär wird verschwinden, aber es gibt kein Verhältnis von Ursache und Wirkung zwischen diesen beiden Tatsachen.

Bleibt noch nachzutragen, daß auch jenen Tanzbär Atta Troll, den Heine und seine Begleiterin Juliette auf dem Marktplatz von Cauterets hatten tanzen sehen, das typische Schicksal eines Pyrenäenbären trifft: er wird von einem Nimrod erschossen.

Selbgen Tags ward ausgebälgt
Atta Troll und ward versteigert
Seine Haut. Für hundert Franken
Hat ein Kürschner sie erstanden.

Wunderschön staffierte dieser
Und verbrämte sie mit Scharlach,
Und verhandelte sie weiter
Für das Doppelte des Preises.

Erst aus dritter Hand bekam sie
Juliette, und in ihrem
Schlafgemache zu Paris
Liegt sie vor dem Bett als Fußdeck.

O, wie oft, mit bloßen Füßen,
Stand ich Nachts auf dieser irdisch
Braunen Hülle meines Helden,
Auf der Haut des Atta Troll!

Und von Wehmut tief ergriffen,
Dacht ich dann an Schillers Worte:
Was im Lied soll ewig leben,
Muß im Leben untergehn!

Versuche mit Pamplona ohne die „Fiesta de San Fermin" und mit der baskischen Küche

So aber, wie Atta Troll durch einen Bärenführer an der klirrenden Kette von Marktplatz zu Marktplatz geführt wurde, so haben wir uns bei einer ersten Erkundungsreise durch die Pyrenäen bisher vom Zufall der spontanen Einfälle und vom Vorbild der prominenten Pyrenäenreisenden leiten lassen: ein Blick mit Wilhelm von Humboldt auf Meer und Gebirge, Gavarnie mit Victor Hugo („Toto" nennt ihn Juliette Drouet in ihrem Tagebuch), Bio-Archäologie in einem Torfmoor des Capcir, dann, gewissermaßen auf eigene Faust, die Erkundung der Gorges de l'Aude, dann die nachdenklich stimmende Landschaftsphilosophie des Spaniers Ortega y Gasset, schließlich die Berichte vom Leben und Sterben der Pyrenäenbären.

Aber Touristen sind diese kulturgeschichtlichen Kreuz- und Quersprünge gewohnt, die geographische Zick-Zack-Linie, das Hin- und Her-Hüpfen von einer Kultur in die andere, von einer Epoche in die nächste. Und das alles ohne Schwindelgefühle – eine Art touristischer Achterbahn mit immer neuen Höhepunkten und Sensationen. Oder auch, wer wüßte es nicht, mit immer neuen Frustrationen: „Pamplona" ist das Stichwort, das mir dabei einfällt.

Am frühen Vormittag, oben beim Kloster Roncesvalles: das Tal, das in den spanischen Süden hinunterführt, ist weit, freundlich, einladend; spanische Straßen – jeder grenzüberschreitende Pyrenäenfahrer kann das bestätigen – sind heute oft besser als die auf der französischen Seite, Pamplona ist gerade einmal fünfzig Kilometer entfernt, und die „Fiesta de San Fermin", die wir scheuen wie der Teufel das Weihwasser, ist längst vorbei, vom 6. bis zum 14. Juli sollte man besser einen großen Bogen machen um die Stadt, aber jetzt, im Spätsommer – warum nicht?

Auf also nach Pamplona! Die Reiseführer verheißen Positives, bald werden wir im Altstadtviertel, dem „casco viejo", umherschlendern, durch die Sträßchen Estafeta, San Nicolás, San Gregorio, werden wir in den Cafés bei einem Glas Rotwein die verschiedenen Tapas verkosten; gelobt wird der Stockfisch des „Monasterio", versuchen müssen wir den „mosto", Traubensaft auf Eiswürfeln; von der Kathedrale mit ihrem hochgerühmten Kreuzgang gar nicht zu reden. Oder wir machen uns gleich auf die Hemingway-Tour: ein Glas im Iruña, ein Glas in der Txoko-Bar, und wenn wir Glück haben, zur Übernachtung das Zimmer 217 im Hotel La Perla. Dort ruhte sich der Meister von den Anstrengungen der Fiesta aus.

Aber es ging mit dem Teufel zu: wir haben keinen Parkplatz gefunden, keine Parklücke, nicht einmal ein Parkverbot, unter dem man es riskieren konnte. Kreuz und quer durch die Altstadt, zweimal um die ganze Stadt herum, dann wieder durchgedrungen bis zur Stadtmitte, aber auf der Plaza del Castillo parken sie schon in Zweier- und Dreierreihen: da, da an der Ecke, das ist das Hotel Perla! Noch eine Runde um den Platz. Da, das ist das Café Iruña. Ach, alles so nah und doch so fern, und dann hat es uns wieder auf den großen Boulevard gespült, und dann war da ein Schild „Jaca", jetzt kam's auch schon nicht mehr drauf an, also weiter. Adios, Pamplona! Und gleich auch noch auf baskisch: Ikusi arte, Iruñea! Getröstet haben wir uns mit einer Passage aus Toto-Hugos Reisenotizen, betreffend die baskische Küche im allgemeinen, und die Pamplonas im besonderen:

Man weiß nicht, was für Fleisch man ißt. Es ist rot, dünn, zäh. Ist es Rind oder Schwein oder Hammel oder Hund oder Pferd oder Kamel oder Bär? Es ist Kalbfleisch.
Pamplona. „Was ist denn das?" schrie ich entsetzt. Ganz ruhig antwortete man mir: „de la langosta". Ich erinnerte mich, daß Fische und Meeresgetier von Mauleseln hierher transportiert werden.
Irgendetwas in Öl. Man kaut. Die Zähne verwickeln sich in Haare. Perücke à la barigoule: geknäultes Gras, das nach Apotheke riecht, angerichtet mit ranzigem Olivenöl, als grüne Bohnen auf englische Art. Kein Zucker. Eine Art gelber, mit Ameisen und Fliegen vermischter Rohrzucker.
Während man speist, jagt die nacktbeinige Bedienung mit einem Stock, den ein Wedel aus Papier schmückt, die Fliegen.
Keine Butter. Keine Milch. Auch kein Kaffee. Und das in den besten Herbergen.

Viel versäumt haben wir also nicht mit der Küche Pamplonas. Nur ein bißchen ist uns zumute wie dem Fuchs in der Fabel, dem die Trauben zu sauer waren, weil sie so hoch hingen. Und, um nichts zu verschweigen, wir sind auch nicht bis Jaca gekommen. Wir haben einen Abstecher gemacht nach Sangüesa und dort die romanische Portalwand der Kirche Santa María entdeckt, ein phantastisches Bilderbuch für die Pilger auf dem Jakobsweg: Heilige und Handwerker, Krieger und Musikanten, Fabeltiere und ornamentaler Zierat – als makabres Memento mori der Apostel Judas, der sich erhängt hat. Im düsteren Kircheninneren aber rätselt man über den Zahlen, die auf den Fußboden gemalt sind. Es sind Gräber, wie der Küster uns umständlich erklärt, während er mit den Trinkgeldern des Tages in der Jackentasche klimpert.

Und dann haben wir uns vom nächsten Pyrenäental wieder verlocken lassen, hinaufzufahren auf die Höhe. Das

Licht dieses Spätsommers ist so unwahrscheinlich, die Farben sind so warm und gleichzeitig so klar: es ist eine Lust zu leben! Langsam führt einen das Tal von Roncal auf die Höhe, immer wieder wechseln die Landschaftsbilder, das Tal verengt sich, erweitert sich, wird zur weiten Hochebene von Belugua, und dann beginnt der Steilanstieg des Gebirges zum Paß, dem Col de la Pierre-St. Martin.

Spätsommer: eben noch sind wir durch Wiesen und Wälder gefahren, an denen der Zöllner Rousseau, der sich rühmte, auf seiner Palette 38 verschiedene Grün zu haben, seine helle Freude gehabt hätte. Aber dann ziehen plötzlich dichte Wolken über den Kamm der Berge, nein, sie ziehen nicht eigentlich, sie schieben sich über den Kamm und wälzen sich dann, nur noch der eigenen Schwerkraft folgend, zu Tal. Durch solche Wolken müssen wir hindurch, nur manchmal geben sie einen Blick auf die Landschaft frei, die nichts mehr gemein hat mit den freundlichen Südhängen der Pyrenäen: grauer, verwitterter Fels, nur manchmal noch ein Flecken grünen Grases und die von den Winterstürmen zerzausten und verdrehten Hakenkiefern. „Chaos" nennen die Franzosen solche Gegenden.

Wie mag es im Winter hier aussehen, fragen wir uns, wenn manche Pässe gesperrt sind und die Natur wieder allein herrscht? In Pierre Lotis Roman „Ramountcho" findet man eine ganz idyllische Beschreibung des Pyrenäenwinters – weiter unten in den Tälern freilich:

In dieser Jahreszeit, wenn die Wanderer verschwunden sind, die der Sommer hergebracht hat, werden die Pyrenäen, unter Wolken, unter Nebel und Schnee, wieder so, wie sie in alten Zeiten waren.
In den Apfelmost-Stuben, den einzigen kleinen erleuchteten und lebendigen Orten inmitten des ungeheuren, leeren Dunkels der Landschaft, wird an den langen Winterabenden ein Hauch des Geistes von einst wieder lebendig. Vor den großen Apfelmostfässern, die hinten im Dunklen stehen, wirft die Lampe, die an den Deckenbalken aufgehängt ist, ihr Licht auf die Gesichter der Heiligen, die die Mauern schmücken, auf die Gruppen der Einheimischen, die plaudern und rauchen. Manchmal singt einer ein aus der Nacht der Zeiten kommendes Klagelied oder der Klang eines Tamburins läßt alte, vergessene Rhythmen wieder lebendig werden; das Kratzen einer Gitarre erweckt die Traurigkeit der maurischen Epoche. Oder plötzlich tanzen zwei Männer, einer hinter dem anderen stehend und die Kastagnetten in der Hand den Fandango – sich mit antiker Grazie wiegend.

Auf uns aber wartet im Tal das friedlich-geruhsame Städtchen Oloron-Sainte-Marie.

Wolken über Katalonien, Wolken über den Wäldern und Dörfern des Naturparks Cadí-Moixeró (südlich vom Segre-Tal). Hier stehen nicht nur Pflanze und Tier, sondern auch die traditionelle Landwirtschaft unter Schutz.

Kreuz im Gebirge beim Col d'Aspin – wer denkt da nicht an das „Kreuz im Gebirge“ des romantischen Malers Caspar David Friedrich?

Montségur – einer der bewegendsten Orte in den Pyrenäen: auf einem hohen, fast unzugänglichen Fels die Ruinen einer mittelalterlichen Burg; hier spielte der letzte, blutige Akt des Kreuzzugs gegen die Glaubensgemeinschaft der Katharer.

Nächste Seite:

Wie eine urzeitlich-gigantische Fata Morgana schwebt die Silhouette der Pyrenäen über der Bergwelt des Vorgebirges (bei Tremp in der Provinz Lérida).

Eines der schönsten Täler in den Pyrenäen: das Tal von Venasque zwischen den höchsten Gipfeln des Gebirges. Kurz vor Venasque bildet der Rio Ésera hier den See von Eriste.

Nächste Seite:

Von Foix zieht eine landschaftlich schöne „Route verte" nach Westen. Hier aber, am Col de Péguère, wo alles in bläulichen Nebel getaucht ist, trägt sie ihren Namen wohl nicht zu Recht.

Einöde oben am Col d'Erroymendi im Baskenland. Nur zwei Dörfer gibt es in der Gegend – eins trug den Beinamen „Ende der Welt".

Nächste Seite:

Schwere Wolken über den Albères, dem südöstlichen Vorgebirge der Pyrenäen. Nicht immer sind Licht und Farben des Südens eindeutig; auch hier spielt die Natur gern mit vielen Farbtönen (bei Darnius, nordwestlich von Figueres).

Am Saum der Forêt du Gar bei Antichan-de-Frontignes (Haut Comminges). In der weiter südlich gelegenen waldigen Landschaft versucht man, Bären wieder heimisch werden zu lassen.

Nächste Seite:

Wie Greifarme ragen Erosionsformen in das Wasser des Mar del Pireneo, des Pyrenäenmeers; am Ende des Sommers freilich herrscht hier Wassermangel.

Lichtspiele bei Escó, an den Ausläufern der Sierra de Leyre: wie aus sich selbst leuchtet der Fels im Licht der Abendsonne.

Nächste Seite:

Ille-sur-Têt: „Les Orgues". Kaum hat die Natur nördlich des Städtchens eine gewaltige Sandsteinbarrikade errichtet, geht sie auch schon daran, sie Körnchen für Körnchen wieder abzutragen. Und auch die majestätische Ruhe und Erstarrung der Kette des Canigou-Massivs ist nur eine scheinbare.

Los Mallos de Riglos: wie zum Größenvergleich steht ein Dorf unter diesen Monolithen, die man am Unterlauf des vom Col du Pourtalet kommenden Rio Gállego findet. Unter Kletterkünstlern sind sie längst kein Geheimtip mehr.

Das Massiv des Monte Perdido ist das höchste Kalksteinmassiv Europas. Und erst in Höhen über 2000 Meter findet man hier den Pyrenäen-Gebirgsmolch (Parque Nacional de Ordesa y Monte Perdido).

Hannibal, Karl der Große, Ludwig XIV. und einige andere – die Pyrenäen in der Geschichte

Über den Port d'Envalira und den Pas de la Casa waren wir von Andorra nach Frankreich zurückgefahren. Es war ein Sonntagmorgen, und das Wetter versuchte, den blühenden Kommerz an der Grenze hinter einem nebligen Wolkenschleier zu verstecken. Aber was sind Nebel und Wolken gegen Sonderangebote? Gegen spottbilligen Whisky und herabgesetzte Hifi-Anlagen und mehrwertsteuerfreie Computer? Kilometerlang stauen sich die Fahrzeuge bis zum Einkaufsparadies, wenn es denn eines ist und nicht eine Konsumhölle.

Wir fahren hinunter durch das Tal der Ariège, haben es eher eilig, weil wir nach Foix wollen und von dort, querfeldein gewissermaßen, noch bis St. Bertrand-de-Comminges, werfen darum nur einen schnellen Blick hinüber zur uralten romanischen Kirche von Mérens-les-Vals: auf dem kuppligen Dach der niedrigen Apsis liegt ein dichter Grasteppich wie bei einem Kunstbauwerk von Friedensreich Hundertwasser.

Wir machen auch nicht Station in Ax-les-Thermes, von dem die Reiseführer nur wenig Einladendes zu berichten wissen: der eine zählt die Verwüstungen der Stadt durch Westgoten, Araber, Katalanen, Feuer und Pest auf, der zweite entdeckt uns die Wahrheit über den Kurort: „Ax ist angenehm – wenn man es verlassen kann", der dritte schließlich berichtet eine Schauergeschichte von den unzähligen Ringelnattern, die es sich in den heißen Thermalquellen wohl sein ließen, von dort aus in die Röhren krochen und dann zum panischen Schrecken der Damen in den Badekabinen wieder auftauchten.

Weiter also nach Foix – aber dann werden wir unserem buchhalterisch-exakt ausgearbeiteten Programm doch untreu; da ist ein Hinweisschild am Straßenrand „Grotte de Niaux", die Höhle von Niaux. Eigentlich denkt man bei den vorgeschichtlichen Höhlen ja eher an die Dordogne, an Lascaux, Font de Gaume, Rouffignac, oder auch an die erst in den letzten Jahren entdeckten Höhlen Cosquer bei Marseille und Chauvet in den „Gorges de l'Ardèche", beide voller Bilder, beide aus guten Gründen für Besucher verschlossen.

Niaux? Langsam kommt eine Erinnerung, daß man den Namen schon gelesen hat, er hat so eine Aura des Bekannt-Unbekannten. Die Höhle liegt nur drei, vier Kilometer von der Hauptstraße entfernt – also: Foix und die drei mittelalterlichen Türme seiner Burg und der Heilige Bertrand von Comminges können warten.

Ein ganz schmales Sträßchen schlängelt sich zum Eingang der Höhle hinauf. An einer Stelle klafft wie ein Riesenmaul eine Öffnung im Fels, Brombeeren umranken das dunkle Loch, und eine junge Frau in Wanderkleidung steht daneben, pflückt sich eine kleine Zwischenmahlzeit. An ihrem gewaltigen Rucksack sieht man, daß sie das Wandern ernst nimmt. Noch ein paar Kurven, und man ist oben vor dem Eingang der „Grotte de Niaux". Der überhängende Fels bildet eine natürliche Vorhalle, die als Parkplatz dient, und dann ist da auch noch genug Raum für ein niedriges Bauwerk, in dem die Eintrittskarten verkauft werden. Und irgendwo hinten im Dunkel, ver-

schlossen durch eine rostige Eisentür, liegt der Eingang in die unterirdische Welt.
Aber es steht kein „Lasciate ogni speranza, voi ch'entrate" über der Tür, wie bei Dantes Höllentor, „Laßt alle Hoffnung fahren, die ihr hier eintretet", nein, hier muß man nur warten auf die nächste Führung in zwei Stunden, wenn überhaupt, weil die Saison vorbei ist; und am besten bleibt man vor dem Eintrittskartenhäuschen stehen, weil nie mehr als zwanzig Leute in die Höhle hineingelassen werden, wenn da jetzt noch ein Reisebus kommt ... Doch dann ist es soweit, man hat uns eindrucksvolle Grubenlampen in die Hand gedrückt, die jedem ein professionelles Aussehen geben, und ungeschickt stapfen wir ins Dunkel hinein.
Zwanzig Minuten vielleicht dauert die unterirdische Wanderung, dann werden die elektrischen Grubenlampen ausgeknipst, nur die Taschenlampe der Führerin leuchtet noch, und wir legen die letzten Meter im Dunkeln zurück. Dunkel und Stille und eine seltsam unbewegte Luft. Der Schein der Taschenlampe fällt auf die Höhlenwand, und da sind sie: Bisons, Wildpferde, Steinböcke, eine Fülle von Tierbildern, die die Höhle von Niaux weltberühmt gemacht haben. Niemand sagt etwas, keine „Ahs" und „Ohs", eine fast andächtige Stille. Es gibt ein paar sachliche, eher nüchterne Informationen, aber die Bilder sprechen für sich selbst. Es sind kunstvolle, ganz realistische Darstellungen von Tieren, die hier, mehr als zehntausend Jahre zurück, in den Pyrenäen lebten – von namenlosen Künstlern tief im Innern einer Höhle auf die Wände gezeichnet und gemalt. Warum? Wir wissen es nicht, wir spüren nur, daß uns diese Kunst über die vielen Jahrtausende hinweg ergreift, ganz unmittelbar berührt und bewegt.
Die Bilder der Höhle von Niaux sind 1906 entdeckt worden. Beschrieben hat die Höhle Herbert Kühn in seinem 1921 erschienenen Buch „Die Malerei der Eiszeit" und dann wieder in seinem jüngeren Buch „Das Erwachen der Menschheit" von 1954. Er hat die Höhle noch vor der großen Tourismuswelle und der notwendigen Reglementierung sehen können:

Man geht lange durch die Höhle: ein, zwei Stunden, man wandert in riesigen Gängen, in hohen Sälen aus hellem Gestein. Die Räume sind gebildet aus gelbem und rötlichem Marmor, der manchmal wie poliert erscheint, endlos ziehen sich die Gänge hin und plötzlich steht man im letzten Saal, überrascht und überwältigt von Malereien, die sich schwarz abheben von dem hellen Grund des Steins ... Am Ende der Höhle liegt ein See, 1114 m vom Eingang entfernt. Er ist geheimnisvoll ruhig und klar, unerreicht durch die Luftbewegung, die niemals so tief in die Höhle eindringen kann. Der Eindruck des Sees steigert das Erlebnis des Unheimlichen noch, und wenn man einen Stein nimmt und ihn in den See wirft, dann bricht die Oberfläche auf wie Glas, und das Echo hallt hundertfach wider in der tönenden Stille unter der Erde.

Wir aber haben inzwischen unsere Grubenlampen wieder angemacht und den Rückweg angetreten, aus dem Dunkel ins helle Tageslicht, aus dem Magdalénien vor 12 000 Jahren in einen Sonntagnachmittag am Ende des 20. Jahrhunderts. Die kleine Truppe der Besucher hat sich schnell verlaufen. Die junge Frau von den Brombeeren und ihren Rucksack nehmen wir im Auto mit hinunter zur großen Straße, da tippelt sie weiter, wir fahren nach Foix.

Spaziergänge durch die Vorgeschichte: von Tautavel zur „Venus von Lespugue"

Es ist sicher verwegen, einen Gang durch die Geschichte der Pyrenäen mit dem Besuch der Höhle von Niaux zu beginnen: hier ein privates Reiseabenteuer, eine Sonntagnachmittags-Visite, dort die vieltausendjährige Vergangenheit einer ganzen Landschaft, Stämme und Völker, Krieg und Frieden, Auf und Ab der Zeiten. Aber auch für die Geschichte können tausend Jahre wie ein Tag sein, und es gibt wenige Orte in den Pyrenäen, wo die Vergangenheit uns so nah, so gegenwärtig ist wie Niaux (freilich auch – ewiges Paradox der Geschichte – unendlich fern).
Was sind die zehntausend Jahre der Höhlenzeichnungen von Niaux gegen die 450 000 Jahre des Menschen von Tautavel? Er ist der älteste Bewohner der Pyrenäen, mehr noch, er ist – so wenigstens versichern es uns unisono alle französischen Reiseführer – der älteste Europäer. Aber prähistorische Datierungen und Interpretationen sind ein Problem, und wir wollen uns, Eiszeit hin, Eiszeit her, hier nicht auf das Glatteis eines Vergleichs mit anderen Funden wagen, dem Heidelberger Unterkiefer etwa.
Tautavel ist ein kleines Dorf am östlichen Rand der Pyrenäen, 25 km nordwestlich von Perpignan. In der nahe gelegenen Höhle „Caune de l'Arago" war schon im vergangenen Jahrhundert von den ersten Paläontologen gegraben worden, aber erst 1971 machte man den sensationellen Fund: einen menschlichen Schädel, den man dann auf die Zeit vor 450 000 Jahren datieren konnte. Aber damit des Sensationellen nicht genug: 250 000 Jahre lang wurde die Höhle bewohnt, bis ihr Eingang in der letzten Eiszeit (Würm) verschüttet wurde. Zurück blieb eine über zehn Meter tiefe Schicht von Ablagerungen – ein Paradies für Archäologen, die hier Jahr für Jahr ihre Grabungskampagnen vornehmen. Was aber den ersten Menschen von Tautavel angeht: er war zwanzig Jahre alt, als er sterben mußte, er hatte Probleme mit den Zähnen, er wußte sich noch nicht des Feuers zu bedienen, aber er hatte einfache Steinwerkzeuge, und er ging aufrecht. Furchteinflößend steht er mit geschwungenem Speer und dicken Augenbrauen-Wülsten auf einem Denkmal in der Nähe der Höhle, ein bißchen gebeugt oder bucklig – an den Namen „Homo erectus" muß er sich wohl erst langsam gewöhnen.
Der Künstler, der die Skulptur geschaffen hat, hat den eiszeitlichen Jäger mit einem Tierfell bekleidet – obwohl

es vermutlich wenig greifbare archäologische Hinweise auf die Bekleidung dieser ersten Pyrenäenbewohner gibt. Für die eiszeitliche „Damenmode", wenn man solch einen modernen Begriff wagen will, gibt es dagegen ein Beispiel: die „Venus von Lespugue", die 1922 von einer Comtesse Saint-Perrier in einer Höhle bei dem Dörfchen Lespugue (Haute Garonne) gefunden wurde: eine 14 cm große Statuette aus Mammut-Elfenbein. Zierlich sind die Unterschenkel und der nach vorn geneigte Kopf, gewaltig ausladend sind Oberschenkel, Bauch und Gesäß – „Venus kallipygos" wäre eine Untertreibung. „In einer modernen Kunstausstellung", schreibt Ivar Lissner, „würde man sie von ähnlichen Skulpturen unserer Zeit kaum unterscheiden". Die Archäologen aber, so scheint es, interessieren sich weniger für die üppigen weiblichen Formen dieser Venus, sondern für eine Art Schurz oder Fransentuch, das die Figur unter der Gesäßpartie trägt. Kultische Bedeutung? Magische Bedeutung? Herbert Kühn bleibt da realistisch. Er schreibt über die Menschen des Aurignacien, der zweiten Hälfte der letzten Eiszeit, in die unsere Venus gehört:

Die Kleidung dieses Menschen ist gesichert durch Hunderte von zierlichen Nähnadeln mit Öhr. Im Aurignacien haben sie noch kein Öhr, im Magdalénien sind sie sauber gearbeitet. Es gibt auch eine Fülle von Nadelbüchsen aus bearbeiteten Röhrenknochen, in denen sich noch die Nadeln finden. Aus den Fellen haben die Frauen Kleider und Röcke hergestellt, ähnlich wie die Eskimofrauen heute im Norden Europas und Amerikas auch. Die Skulptur der Frau von Lespugue trägt einen Rückenschurz, und das ist verständlich, denn die Menschen dieser Zeit sitzen auf Stein, und so brauchen sie einen besonderen Schutz für das Gesäß.

Dieses kleine Kunstwerk der „Venus von Lespugue" könnte uns wieder zurückführen zur Kunst der Eiszeit in den Pyrenäen überhaupt. Mit der Ardèche, der Dordogne und dem baskischen Teil des kantabrischen Gebirges bildeten die Pyrenäen damals das künstlerische Herz Europas. Nirgendwo sonst sind so viele Höhlenmalereien entdeckt worden. Gleiches gilt, wenn man hier die obere Donau noch dazurechnet, für die Objekte der Kleinkunst.

Von Lespugue aus gelangt der Besucher aber ebenso schnell in eine ganz andere historische Epoche: drei Kilometer südlich des Ortes befinden sich bei dem Dorf Montmaurin die Ruinen einer gallo-römischen Villa, einer ausgedehnten und gut erhaltenen Anlage aus dem vierten nachchristlichen Jahrhundert. Zehntausende von Jahren sind verstrichen, seit die „Venus von Lespugue" auf dem Boden einer Höhle von Erde und Staub bedeckt wurde.

Bisons und Auerochsen, Wildpferde und Rentiere sind aus den Pyrenäen verschwunden, eine neue Pflanzen- und Tierwelt ist erschienen, die Menschen der Megalithkultur haben ihre steinernen Zeugen, Dolmen und Menhire, hinterlassen, Iberer und Kelten hatten ihre historischen Hoch-Zeiten, und bald wird man von den Galliern sprechen.

Hannibal: auf dem längsten Weg von Karthago über die Pyrenäen nach Rom

Mit einem genauen Datum tauchen die Pyrenäen dann im Jahre 218 v. Chr. in den Geschichtsbüchern auf, dem Beginn des Zweiten Punischen Krieges. Der karthagische Feldherr Hannibal hatte den grandios-wahnwitzigen Plan gefaßt, Rom auf dem Landweg zu erobern. Mit einem gewaltigen Heer durchzog er Spanien, aufgehalten durch Kämpfe mit der einheimischen Bevölkerung. In seiner „Römischen Geschichte" erzählt Theodor Mommsen:

An den Pyrenäen angelangt, entließ Hannibal einen Teil seiner Truppen in die Heimat; eine von Anfang an beschlossene Maßregel, die den Feldherrn den Soldaten gegenüber des Erfolges sicher zeigen und dem Gefühl steuern sollte, daß sein Unternehmen eines von denen sei, von welchen man nicht heimkehrt. Mit einem Heer von 50 000 Mann zu Fuß, 9000 zu Pferd, lauter alten Soldaten, ward das Gebirg ohne Schwierigkeiten überschritten und alsdann der Küstenweg über Narbonne und Nîmes eingeschlagen durch das keltische Gebiet, das teils die früher angeknüpften Verbindungen, teils das karthagische Gold, teils die Waffen dem Heere öffneten.

37 Kriegselefanten hatte Hannibal aus Afrika nach Europa herüberschaffen lassen. Mit dem Heer haben sie die Pyrenäen überquert. Das freilich war noch eine Art Spaziergang im Vergleich zu dem Marsch über die Alpen im Spätsommer desselben Jahres. Im übrigen versichert uns Mommsen, die Elefanten seien mehr bestimmt gewesen, den Galliern zu imponieren als zum ernstlichen Krieg. Warum denn, so könnte heute ein neugieriger Spanienreisender fragen, warum denn Hannibal und seine Armee nicht am Meer entlang gezogen seien? Das haben sich natürlich auch die Historiker gefragt und verweisen auf die mit den Römern verbündeten griechischen Siedlungen an der Mittelmeerküste. Nicht einmal der Col du Perthus schien Hannibal sicher genug, und es ist möglich, daß die Truppen die Pyrenäen weit landeinwärts überquert haben; der Historiker Juan Maluquer de Motes y Nicolau nennt den Fluß Sègre und die Cerdagne, das ist ungefähr auf der Höhe Andorras.

Genau besehen zog Hannibal da natürlich durch eine terra incognita, durch unbekanntes Land. Die Kenntnisse der klassischen antiken Welt vom Norden und Westen Europas waren eher dürftig, man vermutete, daß etwa die Donau Europa in eine zivilisierte südliche und in eine nördliche barbarische Hälfte teilte. Die Donauquellen aber sollten irgendwo weit im Westen liegen: in den Pyrenäen! Die nüchterner denkenden griechischen Händler aber hatten erkannt, daß es in den Pyrenäen offenbar reiche Metallvorkommen gab – doch auch diese Tatsache wurde bald ins Sagenhafte verkleidet, als man begann, von den Gewässern der Pyrenäen zu fabulieren, die nicht Wasser, sondern flüssiges Gold und Silber führen sollten. Jedenfalls trieb man Handel mit den Bewohnern der Pyrenäen: die vielen Drachmen, die man ausgegraben hat, beweisen es. Und man merkte auch, daß sich die Leute in den Pyrenäen von den nördlich und südlich lebenden Stämmen oder Völkern unterschieden. „Misgeten" hat sie ein griechischer Geograph genannt, „Mischlinge" zwischen Iberern und Kelten. Moderne Anthropologen können diese Ansicht vermutlich bestätigen.

Auch als um die Mitte des letzten vorchristlichen Jahrhunderts Cäsar Gallien unter römische Herrschaft brachte, änderte sich nichts daran, daß die Pyrenäen eine Art Sonderstatus behielten: die römische Provinzialverwaltung mischte sich nicht über Gebühr in die Angelegenheiten der Einheimischen. So blieb in den Pyrenäen, besonders im Westen, im Baskenland, auch in diesen Jahrhunderten die Eigenständigkeit erhalten.

Nur Verkehrswege über die Pyrenäen entstanden natürlich, die Römer sind ein Volk unermüdlicher Straßenbauer gewesen. Eine Verbindung führte im Westen von Pamplona nach Dax, eine zweite führte von Jaca über den Col du Somport nach Pau und eine dritte schließlich nutzte den Col du Perthus, über den heute die Autobahn führt, die „via Domitia". Dort, an der heutigen französisch-spanischen Grenze, haben fast alle Epochen ihre Spuren hinterlassen: bei Les Cluses, kurz vor dem Paß, findet man die Reste einer römischen Befestigungsanlage, aber auch einer westgotischen Zitadelle, genannt „Chateau des Maures". Rechterhand auf der Paßhöhe liegt das Fort de Bellegarde, das Vauban im 17. Jahrhundert erbauen ließ, und unser Jahrhundert schließlich hat sich direkt an der Grenze mit einem Denkmal des Architekten Ricardo Bofill verewigt: zwei hohe Säulen auf gewaltigen Sockeln ... wenn ich mich recht erinnere, denn seit es keine Paß- und Zollkontrollen mehr gibt, schenkt man den banal gewordenen Landesgrenzen wohl nicht mehr die gebührende Aufmerksamkeit und fährt dann an einem echten Bofill vorbei: In zwei Stunden kommt man von Narbonne bis Barcelona.

Die Westgoten brauchten seinerzeit für diese Strecke ein Jahr. Im Jahre 413 sind sie in Narbonne, ein Jahr später, 414, haben sie Barcelona erreicht. Während der folgenden Jahrhunderte werden sie das politische Schicksal der Pyrenäen bestimmen. Es wird, vom Beginn der Geschichte an bis zum heutigen Tag, die einzige Epoche sein, in der die Pyrenäen nicht zu verschiedenen politischen Gebilden gehören. Ganz gewiß aber hat diese Epoche auch dazu beigetragen, daß die Pyrenäen eine einzige Kulturlandschaft bilden.

Im Jahre 375 n. Chr. hatte der „Hunnensturm" die große Wanderungsbewegung der germanischen Völker ausgelöst, die Völkerwanderung. Die Westgoten, ansässig zwischen Theiß und Dnjestr, ziehen in die Landschaft südlich der Donaumündung, wandern dann weiter durch den Balkan und sind bald in Italien. Dem alten Schreckensruf „Hannibal ante portas!" folgte jetzt ein „Alarich ante portas". Im Jahre 410 wird Rom von den Westgoten eingenommen und geplündert, Alarich aber stirbt und wird bei Cosenza im Flußbett des Busento beigesetzt:

Nächtlich am Busento lispeln, bei Cosenza, dumpfe Lieder,
Aus den Wassern schallt es Antwort, und in Wirbeln klingt es wieder.
Und den Fluß hinauf hinunter, ziehn die Scharen tapfrer Goten,
Die den Alarich beweinen, ihres Volkes besten Toten.
Allzufrüh und fern der Heimat mußten sie ihn hier begraben,
Während noch die Jugendlocken seine Schultern blond umgaben ...

August Graf von Platen hat diesen Lesebuch-Klassiker gedichtet. Aber er war nicht der einzige, der sich von den Goten begeistern ließ. Auf frappante Weise sind Ostgoten und Westgoten zu den Lieblingsvölkern des deutschen Gemüts geworden. Die Vandalen waren Vandalen, die Alanen und die Sueben liefen so am Rande mit, allenfalls die Langobarden erweckten noch ein volkstümliches Interesse, die Westgoten aber wurden in der deutschen Ideologie gewissermaßen zu den ersten Deutschen, „deutsch", bevor es Deutschland gab. Diese Verklärung fand natürlich auch ihren literarischen Niederschlag. Man lese etwa nur einmal, wie ein deutscher Historiker, Hermann Eicke, den Aufbruch der Westgoten aus Gallien beschreibt, auf ihrem Weg nach Spanien:

Niemand konnte ahnen, daß dieses Spanien das Zukunftsland der Goten werden sollte, in dem sich einst ihr Schicksal erfüllte. Es ging in diesem Augenblick ja nur darum, sich dem würgenden Griff Roms zu entziehen, drüben jenseits der Pyrenäen die Scheuern zu leeren und so dem Hunger zu wehren.

Und abermals rollten die gotischen Karren und Wagen durch das Land, abermals brüllten die Zugtiere unter dem Joch und die Peitschen knallten. Neue Fahrt ins Ungewisse, Unbekannte. Der Entschluß ist Athaulf und seinem Volke gewiß nicht leicht geworden, denn eben erst glaubten sie, eine Heimat gefunden zu haben und am Ziel zu sein. Statt dessen gab es nun wieder Wanderschaft, Krieg und Abenteuer, und keiner konnte sagen, wie alles auslaufen würde. Aber in zähem Lebenswillen nahmen sie die alte Mühsal auf sich und zogen dem fern aufdämmernden Pyrenäengebirge zu.

Nahrungsmangel war wohl der Hauptgrund für das unstete Wandern der Westgoten, und irgendwann begriffen sie auch, daß es mit gewonnenen Schlachten und eroberten Städten nicht getan war. So wird im Jahre 418 wieder einmal Frieden mit den Römern geschlossen, und den Westgoten wird das gallische Aquitanien als Siedlungsland zugewiesen.

Im Reich der Westgoten: die Pyrenäen zum ersten und einzigen Mal ohne Grenze

Natürlich beginnt nun nicht ein goldenes Zeitalter, aber das entstehende Westgotenreich wird sich vier Jahrhunderte lang behaupten, zuerst mit dem Herrschersitz in Toulouse, dann in Toledo. Damit ist auf dem Boden des untergehenden Römischen Reiches der erste „Barbarenstaat" entstanden. Im Norden reicht er bis zur Loire, im

Süden bilden theoretisch die Pyrenäen die Grenzlinie. Aber die Goten greifen schnell über diese Grenze hinaus, bringen das Roussillon und Tarragonien unter ihre Herrschaft. Nur im Westen der Pyrenäen bleibt auf der Landkarte ein weißer Fleck: den Basken gelingt es offensichtlich, ihre Unabhängigkeit zu erhalten, wenn man auch von einem festen Staatsgebilde sicher nicht reden kann.
Der wirkliche Gegner aber erwächst den Westgoten im Norden. Es sind die Franken, die aus einem Zusammenschluß germanischer Kleinstämme zur – historisch gesehen – erfolgreichsten Volksgruppe des frühen Mittelalters wurden. Zu Anfang des 6. Jahrhunderts erleiden die Goten bei Poitiers eine entscheidende Niederlage, verlieren einen großen Teil ihrer Territorien nördlich der Pyrenäen, dehnen aber südlich der Pyrenäen ihre Herrschaft fast auf die ganze Iberische Halbinsel aus. Der Sitz des Königs wird von Toulouse nach Barcelona, von Barcelona nach Mérida, von Mérida schließlich nach Toledo verlegt. Westgotisch bleibt aber das untere Languedoc bis zur Rhone.
Wir sind in den „dunklen Jahrhunderten" des Mittelalters – dunkel, weil wir so wenig über sie wissen, denn in den Wirren der ausgehenden Antike und der Völkerwanderung sind wenig schriftliche Quellen entstanden, ist viel vernichtet und zerstört worden. So ist die Hauptquelle über das Reich der Westgoten eine dünne Schrift des Bischofs Isidor von Sevilla „Historia Gothorum". Da wird in eher dürren Worten eine nicht abreißende Folge von Schlachten und Kämpfen, von Mord und Totschlag aufgezählt – und wenn einmal von den Pyrenäen die Rede ist, dann natürlich in diesem Zusammenhang. Aus der Regierungszeit des Königs Theudis etwa (531–548) weiß Isidor zu berichten:

Als unter seiner Herrschaft die Frankenkönige mit ungezählten Scharen in Spanien eingefallen waren und die Tarraconensische Provinz verwüsteten, verlegten die Goten unter Herzog Theudisclus die Pässe in den Pyrenäen und schlugen die Franken glänzend. Ebenderselbe Herzog ließ sich durch Bitten und große Geldsummen bestimmen, einen Tag und eine Nacht den übriggebliebenen Feinden zum Abzug zu gewähren. Wer in dieser Zeit die Pässe nicht hatte überschreiten können, fiel unter dem Schwert der Goten.

Nein, viel erfährt man da nicht über die Pyrenäen, und die Historiker müssen sich ihre Informationen mühsam zusammentragen. Da sind etwa die Nekropolen, die großen Gräberfelder des frühen Mittelalters, Estragel in den Pyrénées Orientales oder Teilhet-Tabariane bei Mirepoix (Ariège). Bei den Grabungen hat man festgestellt, daß schon wenige Jahrzehnte nach der Eroberung durch die Goten die einheimischen und die germanischen Begräbnissitten verschmelzen: Sarkophage fast ohne Grabbeigaben bei den Gallo-Iberern, Reihengräber, Orientierung nach Osten und Feuerrituale bei den Goten. Ähnliche Schlüsse kann man aus der Namensforschung ziehen: schnell geben die Einheimischen ihre hergebrachten Namen auf und entscheiden sich für einen „exotischen" Guadamir oder Seniofred oder Amalric bei den Söhnen, nennen die Töchter Ermengard, Aimerud oder Ermessend. Bis mindestens ins 11. Jahrhundert, notiert der Historiker Pierre Bonnassié, bleiben die Namen vorwiegend gotisch.
Die tiefgreifendsten Einflüsse der westgotischen Zeit aber findet man im Rechtswesen. Zum ersten Mal wurde hier das Recht eines germanischen Volkes kodifiziert – wenn auch in lateinischer Sprache und unter Übernahme mancher Einrichtungen des römischen Rechts: der urkundlichen Form von Rechtsgeschäften etwa, des Testamentes und des Darlehens gegen Zinsen.
Auch als nach der arabischen Invasion das Westgotenreich unterging, wurde in den christlich gebliebenen Gebieten im Süden der Pyrenäen, Katalonien und Aragon, dieses Recht bis ins 11. Jahrhundert, zum Teil bis ins 14. Jahrhundert, beibehalten. Das hatte natürlich auch seine Auswirkungen in den Pyrenäen selbst, wie Pierre Bonnassié konstatiert:

Die Beibehaltung eines geschriebenen Rechtes in den dunkelsten Jahrhunderten des Mittelalters gab der Gesellschaft in den östlichen und südlichen Berglandschaften der Pyrenäen ein ganz besonderes Gepräge. Während die Justiz sonst überall (und besonders in Gallien) bald kurzen Prozeß machte oder selbst der Privatrache freien Raum ließ, fuhren in Seo de Urgel, Roda d'Isavena, Alp de Cerdagne, Arles sur Tech, Corneilla de Conflent und manch anderem vergessenen Bergdorf ordentliche Gerichtshöfe fort zu tagen. Diese Gerichtshöfe hielten sich an den Buchstaben des gotischen Gesetzes (lex gotica, lex nostra heißt es noch in den Urkunden des 10. Jahrhunderts) und hielten sich auch immer streng an das System schriftlichen Beweises.

So kommt es, daß es im Abendland wenig Regionen gibt, in denen aus diesen Jahrhunderten so viele Urkunden erhalten sind, wie hier in den östlichen und südlichen Pyrenäen. Und noch in arabischer und selbst karolingischer Zeit nannten sich die Bergbewohner des Conflent und der Cerdagne voller Stolz „Goten" – obwohl sie in ihrer großen Mehrheit – so Bonnassié – von der keltiberischen Urbevölkerung abstammten.
Ganz anders verlief die Entwicklung in den westlichen Pyrenäen. Es gelang den Basken in ewigen Kämpfen, die sich über Jahrhunderte hinzogen, ihre Unabhängigkeit von den germanischen Eindringlingen zu bewahren. Es gelang ihnen sogar, wohl westgotischem Druck ausweichend, die Franken aus den Landstrichen bis zur Garonne zu vertreiben – aber nur der Name „Gascogne", also „Land der Basken", erinnert heute noch an diese Eroberung durch ein ganz und gar seßhaftes und nicht expansionswütiges Volk.
Und dann kam das Jahr 711, eines der Schlüsseljahre der abendländischen Geschichte. Roderich oder Rodrigo, der letzte König der Westgoten, hatte eine Belagerung Pamplonas begonnen, mußte dann aber nach Süden ziehen, um sich den Arabern zu stellen, die über die Meerenge von Gibraltar in Europa eingefallen waren. Aber der Siegeszug des Islam entlang des Mittelmeers war nicht aufzuhalten; der Niederlage von Xeres de la Frontera 711 folgte der Untergang des westgotischen Reiches; inner-

halb kurzer Zeit war die ganze Iberische Halbinsel dem Islam unterworfen. Aber die Grenze zwischen christlicher und islamischer Welt verlief nicht auf dem Kamm der Pyrenäen, sondern eher am Südrand des Pyrenäen-Vorlandes. Hier entsteht die „Spanische Mark" des Frankenreiches, weiter westlich, vom Baskenland bis Galizien, gelingt es, ein christliches Königreich Asturien zu etablieren, das spätere Königreich León.
Ganz ist es also um das christliche Abendland nicht geschehen! Aber natürlich hat der scheinbar unaufhaltsame Siegeszug der Anhänger des „falschen Propheten" Mohammed die Gemüter bewegt. Eine Episode aus den Kämpfen zwischen Christen und Mauren wurde zu einem der großen literarischen Themen der mittelalterlichen Literatur. Noch im 19. Jahrhundert hat ihr Heinrich Heine seinen dichterischen Tribut gezollt, in den ein bißchen klappernden Versen des „Atta Troll – ein Sommernachtstraum":

Ronceval, du edles Tal!
Wenn ich deinen Namen höre,
Bebt und duftet mir im Herzen
Die verschollne blaue Blume!

Glänzend steigt empor die Traumwelt,
Die jahrtausendlich versunken,
Und die großen Geisteraugen
Schaun mich an, daß ich erschrecke!

Und es klirrt und tost! Es kämpfen
Sarazen und Frankenritter;
Wie verzweifelnd, wie verblutend
Klingen Rolands Waldhornrüfe!

1841 hatte es Heinrich Heine mit einer Kur in den Pyrenäen versucht, um sich von seinem „Kopfübel" zu heilen. Er war in das fashionable Cauterets gereist und hatte da wohl die Idee zu seinem komisch-satirischen Versepos „Atta Troll".

Zwischen Geschichte und Legende: die Schlacht von Ronceval und das Rolandslied

Verständlich, daß in dieser Art Heldenepos auch der Held Roland nicht fehlen darf, dessen tragisches Schicksal sich ein paar Täler weiter vollzogen hat. Wie manche andere Heldensage hat die Geschichte Rolands einen kleinen historischen Kern, eine Episode aus den Jahren, als Karl der Große herrschte. Sein Vertrauter und Biograph Einhart berichtet, im Jahre 778 sei Karl mit einem großen Heer über die Pyrenäen gezogen, habe dort eine Reihe von Burgen und Städten in seine Gewalt gebracht und sei dann wieder in die Heimat zurückgekehrt (vermutlich, um weiter gegen die Sachsen zu kämpfen). Einhart fährt dann fort:

In den Pyrenäen selber mußte er auf seinem Rückzug etwas von der Treulosigkeit der Vaskonen verspüren. Als nämlich das Heer in langem Zuge, wie es die Enge des Orts zuließ, einher marschierte, stießen die Vaskonen, die sich auf dem Gebirgskamm in Hinterhalt gelegt hatten, von oben auf das Ende des Trosses und die Nachhut, drängten sie ins Tal hinab und machten in dem Kampf, der nun folgte, alles bis auf den letzten Mann nieder.

Drei Tote werden mit Namen genannt: Eggihard, der Truchseß des Königs, Anshelm, der Pfalzgraf, und Hruodland, der Befehlshaber im bretonischen Grenzbezirk.
Hruodland ist Roland, und drei Jahrhunderte nach seinem Tod in den Bergen der Pyrenäen wird er eine glanzvolle literarische Wiederauferstehung feiern. Im 12. Jahrhundert entsteht, ganz am Beginn weltlicher und volkssprachlicher Dichtung, die „Chanson de Roland", das Rolandslied, in dem die historische Episode zu einem großen dramatischen Gemälde wird. Über den Dichter ist nichts bekannt, aber seine Geschichte muß sich größter Beliebtheit erfreut haben, denn bald gab es außer der ältesten erhaltenen, einer anglonormannischen Version, altfranzösische, provenzalische, franco-italienische Fassungen, Übersetzungen ins Altenglische, Altnordische, Mittelhochdeutsche, Mittelniederdeutsche und ins Lateinische! Seltsamerweise aber wissen wir überhaupt nichts über die Art und Weise, wie die Erinnerung an eine Episode aus einem der ungezählten Feldzüge des 8. Jahrhunderts bis ins 12. Jahrhundert lebendig geblieben ist.
Jedenfalls: das Rolandslied ist da, und am Ende der mittelhochdeutschen Bearbeitung nennt sich auch der Übersetzer:

Ob iu daz liet gevalle,
so gedencket ir min alle.
ich haize der phaffe Chunrat

Zu übersetzen und dem deutschen Geschmack anzupassen hatte er ein umfangreiches Œuvre von über 4000 Verszeilen, in denen neben der eigentlichen Schlacht in Ronceval auch ausführlich die Vor- und Nachgeschichte erzählt wird: Roland hat jetzt einen Stiefvater bekommen, Ganelon, und der heckt mit dem maurischen König von Saragossa den Plan für den hinterlistigen Überfall in den Pyrenäen aus:

Der König ließ nun eilig
Briefe schreiben.
Er schickte die Nachricht hinaus,
daß Cordova in Flammen aufgegangen sei,
die Menschen vom rechten Glauben abgebracht,
Mahomet geschändet.
Alle die ihn rächen wollten,
sollten zu ihm kommen.

Voll Kampfesmut kam
Alrich von Pande an.
Er brachte aus seinem Land
zwanzigtausend Krieger mit,
die er selbst ausgesucht hatte,
mit Stahlrüstungen.

Ilaz von Zamne
hatte dreißigtausend Männer.
Immer wieder riefen sie ‚Mahomet',
obwohl er ihnen später schlecht half.
Die Leute von Tebeseline
kamen zu Schiff.
Sie trugen Wurfspeere
im Dienst ihres Gottes Mahomet.
Der König von Alerie
hatte drei Götter:
Mars, Jupiter
und Saturn.
Da wurde dem Trug geopfert
und dem entsprach der Lohn.
Dann der König von Funde –
seine Leute hatten Hundsköpfe
und trugen Pfeil und Bogen.
Aber es sollte ihnen wenig nützen.

Weiter der König von Lebre,
der Volksstamm ist uns fremd.
Schließlich der König von Galesprize.
Spieße mit acht Spitzen
führten seine Leute.
Sie alle gegen Roland!

Zernubile kam
mit seinem gottlosen Volk.
Auf dem ganzen Land liegt ein Fluch.
In ihrem Land scheint die Sonne nicht,
der Nebel ist ihre Lust.
Es gibt kein Korn,
nur schwarze Steine,
Wald und Moos.
Sie essen Pferde
und führen ein wildes Leben.
Dort ist der Teufel zuhause.
Der König war sehr stark.
Die Last von sieben Maultieren
konnte er mit einer Hand heben.
Sein Haar fiel bis auf die Füße herab.

So liest sich das Rolandslied (hier in einer ganz nüchternen neuhochdeutschen Übersetzung von Dieter Kartschoke), und den lesenden oder lauschenden Zeitgenossen des Pfaffen Konrad müssen Schauer über den Rücken gelaufen sein, wenn sie erfuhren, welch gigantische Armee da gegen ihren Roland aufgeboten wurde. Vom gleichen aufschneiderisch-grotesken Kaliber ist dann auch die Schlacht in den Pyrenäen. Der Pfaffe Konrad ist gewiß nie dort gewesen, sonst hätte er sicher nicht Hunderttausende von Sarazenen in den engen Tälern und Schluchten kämpfen lassen.

Heute kommt der Reisende auf historischer Spurensuche entweder von Pamplona oder vom französischen Saint-Jean-Pied-de-Port über den Ibañeta-Paß in das Tal von Ronceval. Man entdeckt freilich nur eine ausgesprochen friedliche und freundliche Landschaft, dazu das Kloster Roncesvalles, das vor allem mit seinem riesigen, lieblosen Blechdach in der Erinnerung bleibt. Wenn da nachts der Pyrenäenregen auf das Blech trommelt, oder ein Hagelschauer, das muß sich anhören wie das Schwertgeklirr und Helmezerhauen einer Geisterschlacht, in der die toten Seelen von Christen und Sarazenen einander noch immer bekämpfen. Oben am Paß, dem Port d'Ibañeta, hat man Roldan, Roland, als Denkmal einen Granitblock aufgestellt. Eine Nachbildung seines Schwertes ist daran befestigt, und darüber kann man zwei andere Totschläger betrachten: kurze Ketten, an denen mit spitzen eisernen Dornen gespickte Kugeln hängen. Damit brachten sie sich gegenseitig wohl den rechten Glauben bei.

Aber genug der ketzerischen Gedanken. Wir sind hier oben dem Himmel ziemlich nahe, und er könnte uns schnell eines der gefürchteten Pyrenäengewitter schicken, wie damals, als Roland sterben mußte:

Als Roland aus der Welt schied,
verbreitete sich am Himmel
ein strahlendes Licht.
Nach kurzem
folgte ein großes Erdbeben,
Donner und Himmelserscheinungen
in den beiden Reichen
von Frankreich und Spanien.
Stürme brachen los
und fällten riesige Bäume.
Die Menschen kamen in große Gefahr.
Immer wieder sahen sie
schreckliche Blitze über den Himmel zucken.
Die strahlende Sonne
hatte ihren Schein verloren.
Der helle Tag
war dunkel geworden wie die Nacht.

Alle glaubten,
dies sei die Stunde
des Endes der Welt
und Gott wolle sein Gericht halten.

Aber die Stunde des Gerichts ist nicht gekommen. Die große Weltgeschichte und auch die kleinere Geschichte der Pyrenäen gingen weiter.

Im Rolandslied sind es die „Sarazenen", die zu vielen Hunderttausenden gegen die Nachhut des Frankenheeres kämpfen: ein Kampf der Heiden und Ungläubigen gegen die Christen. In Wirklichkeit kämpften da einheimische Basken gegen fränkische Eroberer, die eine Schlappe einstecken mußten. Aber natürlich ließ sich Karl der Große durch diese vermutlich eher unbedeutende Niederlage nicht von seiner Expansions- und Eroberungspolitik abbringen. So entstand die „Spanische Mark“ des Frankenreiches, deren Grenze zum islamischen Kalifat von Cordoba etwa entlang einer Linie Barcelona – Huesca verlief.

Politik im Schatten der Pyrenäen: Navarra – Aragon – Katalonien

Im Westen der Mark aber entstand ein erster selbständiger Pyrenäenstaat: das Königtum Navarra. Es war gleichzeitig auch eine erste staatliche Einigung der Basken. Eine eher sagenhafte Erzählung von der Staatsgründung findet man im Prolog des „Fuero General“ aus dem 13. Jahrhundert, einer Kodifizierung aller Rechte und Sonderrechte im Lande Navarra. Da wird berichtet, in den Bergen zwischen Asturien und Sobrarbe, also in den westlichen Pyrenäen, hätten dreihundert Männer im Kampf gegen die Sarazenen von Raub und Beute gelebt, hätten sich dann aber über die gerechte Verteilung der Beute nicht einigen können, so daß Neid und Streit unter ihnen aufkam:

Und sie beschlossen Boten nach Rom zu schicken, um dort Rat zu holen, und auch in die Lombardei, deren Bewohner für ihre Gerechtigkeit bekannt waren, und nach Frankreich. Und sie erhielten zur Antwort, daß sie einen König haben sollten, der über sie herrsche, daß sie aber zuvor ihre Gesetze beschwören und aufschreiben sollten. Und sie taten, wie man ihnen geraten hatte, und sie schrieben ihre Gesetze nieder nach dem Rat der Lombarden und Franken und dann wählten sie Don Pelayo zum König.

Erst das Gesetz und dann der König: wir sind im Baskenland! Mit Sagen und Legenden freilich macht man keine Politik, und die Politik Navarras war dann auch ein Wechsel von Kampf und Allianz mit den beiden großen Nachbarn, den Franken im Norden, den Arabern im Süden. Nicht genug damit: östlich von Navarra kämpfte Aragon um staatliche Selbständigkeit, hatte die Grafschaft Barcelona die historische Chance, eigenständig zu werden, konnte ein Land „Katalonien“ von der Cerdagne bis zum Mittelmeer entstehen – die Geschichte hat all diese Möglichkeiten über Jahrhunderte hinweg durchgespielt; es sind unruhige Jahrhunderte, in denen sich die Grenzen ständig ändern, in denen Eheschließungen zwischen herrschenden Familien neue Territorien entstehen, Erbteilungen sie aber bald wieder verschwinden lassen, Jahrhunderte, in denen die christliche und die moslemische Welt in Spanien um die Vorherrschaft ringen – wobei Religion, Glaube oder missionarischer Eifer sicher die geringste Rolle spielten. Es wirkt wie eine mathematische Spielerei der Weltgeschichte, daß im gleichen Jahr, in dem Kolumbus für die spanische Krone die Neue Welt entdeckte, der letzte moslemische Herrscher Granadas sich nach Afrika zurückzog.

Das historische Endergebnis all dieser Verwicklungen (die schon genug verworrene deutsche Geschichte ist nichts dagegen!) sind zwei Großmächte: das aus der fränkischen Staatsgründung hervorgegangene Frankreich und das um die Landschaft Kastilien herum gewachsene Spanien.
Die Pyrenäen aber werden, nachdem alle dort entstandenen Staaten wieder von der Landkarte verschwunden sind, zur Grenze zwischen den beiden Ländern. Im Pyrenäenfrieden von 1659 zwischen Ludwig XIV. und Philipp IV. versucht man sie festzulegen, findet aber nur eine eher vage Definition: so wie die Berge der Pyrenäen einst Gallien von Hispanien getrennt hätten, sollten sie auch jetzt die beiden Königreiche trennen. Dazu kam, daß natürlich auch die Wasserscheide, als gewissermaßen „natürliche Grenze“ zwischen Nord und Süd, bei den damaligen topographischen Kenntnissen und den mangelhaften Landkarten nicht exakt festzustellen war. Die Diskussion um die Grenze zog sich also mit viel Streit und diplomatischen Verwicklungen noch lange hin. Erst die drei Grenzverträge von 1853, 1862 und 1866 machten der geopolitischen Grauzone zwischen den Ländern ein Ende: Entlang der Grenze, von der Mündung der Bidassoa bei Funterrabia bis zur Cova Foradada, einer Grotte am Strand des Mittelmeers südlich von Cerbère, wurden jetzt Grenzsteine aufgestellt, durchlaufend numeriert von Nr. 1 bis Nr. 602. Wenn man Glück hat, kann man beim Wandern in den Bergen auf einen von ihnen stoßen.
Im Jahre 1660 aber, ein Jahr nach dem Abschluß des Pyrenäenfriedens, waren die Diplomaten auf ein ebenso schwerwiegendes Problem gestoßen: 33 Dörfer hatte Spanien an Frankreich abtreten müssen. Jetzt aber stellte sich heraus, daß eines dieser Dörfer administrativ gesehen eine Stadt war. Es mußte also bei Spanien bleiben. So entstand die bis zum heutigen Tag existierende Enklave Llivia bei Puigcerda in der Cerdagne, ein Inselchen spanischen Lebensstils in Frankreich. Man merkt es an den Essenszeiten in den Hotels.

Erste Lektion baskisch, Begegnung in Hondarribia: „Egun on!“ – „Ez dut ulertzen!“ (Guten Tag! – Ich verstehe nicht!)

Museumsreif, mit ein paar Jahrzehnten auf der Kühlerhaube, aber ein treuer Diener seines Herren: der Peugeot 203 pick-up (Fraisse-des-Corbières).

Seit über 2000 Jahren wird am Fuß der östlichen Pyrenäen Wein angebaut; und die Weinlese ist trotz Traktor und Hänger noch immer ein mühseliges Geschäft (Saisonarbeiter bei Capestang).

So grün sind die Wiesen nur bei Bagnères-de-Bigorre, das man einmal als „Pyrenäen-Athen" gepriesen hat; aber Kaninchen werden auch hier gehalten.

Sie trotten über die „Route du fromage“ (Ahaxe bei Saint-Jean-Pied-de-Port) und gehören zur schwarzköpfigen Rasse „Manech“, die nur im Baskenland zuhause ist. Merke: auch weibliche Schafe können Hörner tragen!

Artischocken-Sortieren: was die Größe angeht, da können sie sich mit denen aus der Bretagne nicht messen; dafür haben sie das intensive Aroma des Südens und die passenden pinkfarbenen Kästen (Villelongue-de-la-Salanque bei Perpignan).

Heute kommen noch die Maiskolben für die Hühner hinein. Bei der nächsten Generation wird der kleine Holztrog aufpoliert und als Zierde auf dem Sideboard stehen (Auterive am Gave d'Oloron).

Tautavel: Monsieur Mounie, Winzer, verkostet einen seiner Weine. Hier ist man nicht nur auf den prähistorischen „ältesten Europäer“ stolz!

Monte Jaizkibel, Restaurantbesitzer: in jedem Baskenherz wohnt der Traum von der Seefahrt – auch wenn am Ende nur ein Kahn mit Stiefmütterchen daraus wird.

Hondarribia: Alle Segel gesetzt, der Kapitän auf der Kommandobrücke, backbord und steuerbord die Halogenlampen, Grün-Weiß-Rot die Farben des Baskenlandes – die „Bar Conchita“ auf großer Fahrt!

CONCHITA
33

Auch das gibt es: einfach nur so dastehen, an die Mauer gelehnt, auf den Ellenbogen gestützt, irgendwie ein grauer Tag heute, da kommen dann so Gedanken …, daß man die Zigarette darüber fast vergißt (Laruns).

Madame und Monsieur aus Gourette: eine gut französische Mischung aus Neugier und Skepsis, Gutmütigkeit und Selbstbewußtsein.

Zweiergespräche am Gartentörchen – so ähnlich machte man im 19. Jahrhundert hier in Biarritz die große Politik.

Dreiergespräche: „Irgendwann muß doch einmal Schluß sein mit dem Vorurteil, wir trügen alle ständig nur Baskenmützen!“

Mit Hochdruck gegen den Rost. Auf der Werft, hier in Hondarribia, werden die munter-lebendigen Fischerboote zu reglosen Ungetümen.

Kirchen, Klöster, Ketzer und die Wallfahrt zum Heiligen Jakob

In sanften Kurven und in ebenso sanftem Auf und Ab führt die Straße von Figueres aus nach Westen: freundliche Landschaft, zur Rechten immer der Blick auf die Pyrenäen, die Dörfer ernst, fast ein bißchen düster, Katalonien. In Gedanken sind wir schon in Ripoll und in Sant Joan de les Abadesses mit ihren romanischen Klosterkirchen. So fahren wir an einem durchaus nicht unauffälligen Bauwerk an der linken Straßenseite zuerst vorbei, halten dann ein paar hundert Meter weiter an, wenden und fahren zurück: so etwas sieht man nicht alle Tage!
Das Ganze ähnelt einem – nein, es ähnelt überhaupt nicht. Es ist eine Art hölzerner Turm oder besser: eine Art mehrstöckiges Holzhaus, so, wie wenn verschiedene Holzhäuser aus den Urwäldern des Amazonas oder aus Neuguinea und Borneo aufeinander montiert worden wären, leichte, luftige Konstruktionen; es gibt Leitern, die nach oben führen, es gibt Umgänge, Balkone, Vorsprünge, irgendwie wächst auch ein Baum durch diesen babylonischen Turmbau hindurch, und ganz oben, über dem höchsten Strohdach, erhebt sich dann noch ein Sendemast oder Funkturm, aber aus Holz wohlgemerkt, und dann kommt noch ein Fahnenmast, und an dem flattert im Wind die katalonische Nationalflagge.
Geht man näher an das Bauwerk heran, dann hat man den Eindruck, sich einem Sperrmülltempel zu nähern; da hängt ein Korb, da sind Wagenräder in ein Geländer eingearbeitet, dort erkennt man einen Bettrost, da oben das, das könnte ein Lampenschirm sein, da wieder Körbe, dort unten – denn das Gebäude ist in eine Schlucht hineingebaut, so daß man auch von oben darauf hinunterschaut – dort unten, das ist ein geflochtener Stuhlsitz, weiter unten in der Schlucht erkennt man rostüberzogenen Eisenschrott, Reste von Ackergerät oder vorsintflutlichen Autos und noch weiter entfernt sieht man Ruinen anderer Bauten, die da einmal gestanden haben.
Hier hat offensichtlich ein Wahnsinniger, ein Verrückter, ein Spinner seine Wunsch- oder Alpträume verwirklicht. Auf großen Tafeln hat er jenseits der Schlucht seine künstlerischen Glaubensbekenntnisse an einen Baum genagelt – auf katalanisch natürlich, so daß wir nur herumrätseln können: „Proprietat privada" – das ist noch einfach, aber was soll das heißen: „... ja en faran un els americans"? Und dann wird noch von 16jähriger Bauzeit berichtet, und zum Schluß heißt es: „JA. JA. Ja. Fin. O + O x 16 = AMEN".
Dali hätte seine helle Freude an diesem verderblichen Monument gehabt, oder Gaudi, dessen Sagrada Familia in Barcelona hier ländlich-hölzerne Konkurrenz bekommen hat.
Entlang der kleinen Schlucht sind inzwischen junge Männer herangekommen und schicken sich an, das Kunstwerk über die Leitern zu besteigen. Aber vorher bekommen wir von ihnen noch Auskunft, auf sprachlichen Umwegen freilich, denn der, der sich auskennt, spricht katalanisch, der zweite übersetzt es uns in ein belgisches Französisch: Ja, das sei ein ganz einfacher Mann aus der Gegend, der das alles in langen Jahren erbaut habe, viel

sei schon wieder zerstört worden, „Barraques d'en Garrell" heiße die Konstruktion, und den Namen des Künstlers schreibt uns der junge Mann auf ein Stückchen Papier: Josep Pojiula. Antonio Gaudí – Salvador Dali – Josep Pojiula: oh Katalonien!
Dann fahren wir weiter, Richtung Ripoll, vorbei an Castellfollit de la Roca, dessen Häuser – wie ein surrealistischer Einfall – am äußersten Rand eines monumentalen Lavafelsens stehen, und eine Stunde später, vor dem Portal der Klosterkirche von Ripoll, müßten wir eigentlich diesen drei genannten Meistern phantastischer Kunst in Katalonien noch einen vierten Namen hinzufügen, den des Meisters dieser Portalwand aus dem 12. Jahrhundert. Aber er ist unbekannt, er hat nicht, wie manch anderer Schöpfer solcher Portale, seinen Namen auf dem Werk hinterlassen.
Ripoll ist heute eine eher lebendige Provinzstadt, mit Märkten, mit Industrie. Aber der Anziehungspunkt für den Besucher ist natürlich die Benediktinerabtei Santa María. Doch man muß sich dem Bauwerk mit Neugier und Geduld nähern, um nicht etwas enttäuscht weiterzufahren. Die Fassade ist heute hinter der banalen Zweckarchitektur einer Vorhalle mit verglasten Arkaden versteckt – wohl das letzte Mittel, um die Skulpturen des Portals vor der gänzlichen Zerstörung zu bewahren. Viel ist von ihnen nicht mehr übriggeblieben, man erkennt noch die Formen, doch die Details und die künstlerische Feinarbeit der Bildhauer sind verlorengegangen. Betritt man aber durch das Portal die Kirche, dann erlebt man vollends einen Schock; man fühlt sich in eine Bahnhofshalle versetzt, die für ein historisches Spektakel als Kirchenraum ausstaffiert worden ist: Kronleuchter, einer wie der andere, und von der Decke hängt die gelb-rote Fahne Kataloniens. Fritz René Allemann spricht von der „abweisenden, ja geradezu erschreckend wirkenden Kälte des Kircheninneren".

An der Wiege Kataloniens – von der großen Vergangenheit des Klosters Santa María de Ripoll

Dennoch: Santa María de Ripoll ist ein großes, bewegendes Erlebnis. „Bressol de Catalunya", die Wiege Kataloniens, nennt man das Kloster, und in der Tat sind hier die geistig-religiösen und die künstlerischen Fundamente des Landes gelegt worden. Das war in der Epoche der Reconquista, der Wiedereroberung der Iberischen Halbinsel durch die christlichen Staaten im Kampf gegen die moslemische Welt. Damals gelang es dem Grafen Guifre el Pilós (auf deutsch klingt der Name leider weniger heroisch: Wilfried der Behaarte), die Landstriche, die einmal Katalonien werden sollten, zu einer politischen Einheit zusammenzufassen, die vorerst freilich wenig stabil war.
Als Familienklöster gründete Guifre Ripoll für seinen Sohn, San Joan de les Abadesses für seine Tochter. Im Jahr 888 wurde in Ripoll die Kirche eingeweiht, 935 wurde eine neue, größere Kirche geweiht, und 977 wurde auch diese durch einen noch größeren Bau, eine fünfschiffige Basilika, ersetzt. Wieder ein halbes Jahrhundert später entstand ein gewölbtes Querschiff mit sieben Absiden, und vor dem Langhaus wurden die beiden Glockentürme errichtet. Bis zur zweiten Hälfte des 12. Jahrhunderts war dann auch das Langhaus eingewölbt worden, und entstanden war ebenfalls die prächtige Portalwand.
Das Kloster Santa María de Ripoll war auf dem Höhepunkt seiner Bedeutung und seines Glanzes. Die unermüdliche Bautätigkeit ist nur der Spiegel einer geistig-gesellschaftlichen und kulturellen Arbeit, die weit ausstrahlte bis in die entlegensten Klöster in den Pyrenäentälern. Im religiösen Kosmos des Abendlandes war Ripoll ein leuchtender Stern, vergleichbar den Klöstern Monte Cassino und Bobbio, St. Gallen oder Weißenburg. Hier in den Skriptorien, den Schreibstuben, wurde die geistige Tradition lebendig erhalten und fortentwickelt, hier entstanden Lehrtexte und Kommentare, hier wurden Bücher durch das langwierige und mühselige Abschreiben vervielfältigt, hier entstanden schließlich die Meisterwerke der Buchmalerei.
Erhalten sind aus dem Skriptorium von Ripoll – das mehr als ein halbes Jahrtausend lang bestand – ungefähr 250 Handschriften. Verwahrt werden sie zum größten Teil im sogenannten „Königlichen Archiv" von Barcelona. Die Bibliothek des Vatikans aber und die französische Nationalbibliothek besitzen heute die schönsten erhalten gebliebenen Arbeiten aus Ripoll: in Paris findet sich die „Bíblia de Rodes", in Rom die „Bíblia de Ripoll". Das sind reich ausgemalte und illustrierte Riesenbibeln aus dem ersten Viertel des 11. Jahrhunderts.
Wir freilich müssen uns mit zwei oder drei Abbildungen in einem Faltprospekt zufriedengeben, den man an einem kleinen Kiosk in der Vorhalle von Ripoll erstehen kann, und ein paar Postkarten dazu. Da ist zum Beispiel die Abbildung einer Buchseite aus der Bibel von Ripoll: ein Kampfgetümmel in allen Farben des Orients. Vier Szenen, durch waagrechte Linien voneinander getrennt, sind dargestellt. Reiter zu Pferd kämpfen gegen Männer, die von Kamelen begleitet werden. Nackte Gefangene liegen auf dem Boden. Speere und Schwerter ragen in die Luft. Drei Kriegselefanten sind aufmarschiert und tragen ganze Türme auf dem Rücken. Über 100 Krieger habe ich auf der einen Seite gezählt; bei einem von ihnen steht in zierlicher Schrift das Wort „iudas". Welch apokryphe Geschichte mag da wohl erzählt werden?
Wenn man am Kiosk seine 100 Pesetas für den Besuch des Kreuzgangs bezahlt hat und sich umdreht, steht man vor der Portalwand, die heute der Stolz Ripolls ist. Auch hier sieht man zuerst nur ein Getümmel von menschlichen und tierischen Gestalten. Aber mit dem großen Faltprospekt bringen wir Ordnung in das scheinbare

Chaos, und wenn wir Glück hätten, dann könnten wir unter den Bildern des Portals Bilder aus der vatikanischen „Bíblia de Ripoll" entdecken. Die Künstler, die das Portal mit seinem Figurenreichtum geschaffen haben, nahmen sich nämlich die Miniaturen der „Bíblia de Ripoll", die ein Jahrhundert zuvor entstanden war, als Vorbild und meißelten in Stein, was zuvor mit Feder und Pinsel gezeichnet und gemalt worden war. Und tatsächlich erkennen wir auch einen Reiterkampf, Berittene, die aufeinander zusprengen und einen Toten, der am Boden liegt.
Majestätisch thront Gott in der Mitte des obersten Frieses, ihm zur Seite anbetende Engel und die Symboltiere der Evangelisten, dann die zweimal zwölf Ältesten der Apokalypse. Auf den unteren Friesen Szenen aus der Geschichte des Volkes Israel und ganz unten, in der Höhe von Kinderaugen, die Visionen Daniels von den vier Bestien und dem Kampf des Widders mit dem Ziegenbock. Doch man braucht Hilfe beim Entschlüsseln der Bilder, der Stein ist zerfressen, und von mancher Figur ist nur ein Schemen geblieben. Kopf und Hand Gottvaters aber sind seltsamerweise gut erhalten, die Haar- und Bartsträhnen, die Finger, die Falten des Gewandes. „Zufall?", fragt man sich. Oder doch ein kleines Wunder?
Der Rest der Geschichte des Klosters Ripoll ist schnell erzählt und enthält wenig Wunderbares: langsamer Niedergang nach der Blütezeit des 11. und 12. Jahrhunderts. Schon der Bau des zweigeschossigen Kreuzgangs zog sich hin bis zum Beginn des 15. Jahrhunderts; im Stil hielt man sich aber immer an den ersten, noch im 12. Jahrhundert erbauten Flügel. Sonst wird berichtet von den endlosen Streitigkeiten mit der zivilen Justiz, mit der Diözese, von einem Erdbeben, bei dem das Gewölbe des Mittelschiffs einstürzte. 1830 begann man mit einer Restaurierung im Stil des Neo-Klassizismus, ein paar Jahre später aber, während des sechsjährigen Bürgerkriegs von 1834 bis 1839, wurde das Kloster niedergebrannt und geplündert. Es blieben nur Ruinen. Der Wiederaufbau am Ende des Jahrhunderts war gut gemeint und ist mit viel Engagement betrieben worden. Doch ist dabei leider eine eher seelenlose Reißbrett-Romanik entstanden. Den Geist des alten Ripoll spürt man nur draußen, vor dem Kirchenportal.

Die Kunst, die aus der Lombardei kam: Romanik in den östlichen Pyrenäen

Dem Geist der katalonischen Romanik aber kann man überall im Lande begegnen. Es gibt vielleicht keine andere Gegend in Europa, die so reich ist an architektonischen Zeugnissen dieser Epoche. Die Reconquista muß hier gewaltige religiöse, politische und gesellschaftliche Energien freigesetzt und entwickelt haben, deren Spuren die ungezählten romanischen Kirchen und Kapellen des 11. und 12. Jahrhunderts sind. So viele Architekten und Baumeister, wie damals gebraucht wurden, brachte Katalonien allein nicht hervor, es kamen also lombardische Meister ins Land und brachten ihre Art zu bauen mit, den frühen romanischen Stil. Noch heute prägen die vielgeschossigen, freistehenden Kirchtürme, Campanile, das Bild Kataloniens und der östlichen Pyrenäen. In der Landessprache aber wurde das Wort „Lambart" zur Bezeichnung für Baumeister und Architekten, für die Maurer.
Die Kirchen und Kapellen im „lombardischen Stil" beeindrucken uns durch ihre fast schmucklose, geometrisch strenge Architektur, durch die unverputzten, urtümlichen Wände, die schweren, wie für die Ewigkeit gebauten Gewölbe. Und dann entdeckt man die romanischen Fresken Kataloniens, zum Teil gewaltige, an byzantinische Kunst erinnernde Malerei. In den entlegenen Dorfkirchen hatte eine große Zahl solcher Fresken die Zeitläufte überstanden bis zur „Wiederentdeckung" dieser frühen Kunst am Beginn unseres Jahrhunderts. Es begann eine Art Ausverkauf, die Fresken wurden abgelöst und verkauft, viele endeten in amerikanischen Kollektionen.
In letzter Minute gewissermaßen griff der Staat ein, nachdem die skandalösen Praktiken bekannt geworden waren. Die Fresken wurden staatliches Eigentum. Danach aber kam es dann zu einer Aktion, über deren Berechtigung, deren Vor- und Nachteile man endlos diskutieren kann – besonders natürlich, wenn man in einer nackt oder kahl wirkenden Kirche steht und weiß, daß dort vor achtzig Jahren noch Wandmalereien zu sehen waren, die man jetzt nur noch in einem Museum besichtigen kann. Alle Fresken, derer man habhaft werden konnte und die nicht „niet- und nagelfest" waren, wurden abgenommen und zum größten Teil nach Barcelona verbracht. Dort fanden sie im Museum für die Kunst Kataloniens auf dem Gelände des Montjuich eine neue Heimat. Mit großer Sorgfalt und viel Einfühlungsvermögen wurden dort für die einzelnen Fresken Nachbildungen der ursprünglichen Plazierungen geschaffen, so daß man als Besucher gewiß ideale Bedingungen für das Betrachten hat, aber ... aber ... Wie dem auch sei, die Malereien sind gesichert, die Tatsache, daß sie nicht mehr in schwer zugänglichen Dorfkirchen versteckt sind, sondern in einem Museum zusammen besichtigt und studiert werden können, hat ihnen in der Kunstwelt einen weit über Katalonien und Spanien hinausreichenden Ruhm eingetragen. Und mit nicht verhaltenem Stolz erklärte ein früherer Direktor der Kunstmuseen Barcelonas, Jean Ainaud:

Von allen romanischen Wandmalereien in Europa sind die Kataloniens am besten bekannt. Ihre Qualitäten sind groß ... aber man muß sich auch sagen, daß es die Energie und der Kunstsinn der katalonischen Archäologen waren, die diesen romanischen Malereien die Berühmtheit verschafft haben.

Wenn man heute von der romanischen Kunst Kataloniens spricht, oder von katalonischer Kunst überhaupt, denkt man dabei an Spanien. Zu Beginn des Jahrtausends aber, als die Kirchen und die Fresken entstanden, griff der

Herrschaftsbereich der Grafen von Barcelona über die Pyrenäen hinaus nach Norden. So finden wir die „lombardische Romanik“ Kataloniens auch im Roussillon, der Landschaft um Perpignan: Saint-Martin-du-Canigou, Saint-Michel-de-Cuxa und Serrabone. Den leisen aber bewegenden Auftakt macht die kleine Kirche Saint-Martin-de-Fenollar mit ihren Fresken.

Man hat Mühe, die Kirche auf der Michelin-Straßenkarte ausfindig zu machen, so dicht wird sie heute von Asphalt eingezwängt: auf der einen Seite die Nationalstraße N 9, auf der anderen die Autobahn, über beide rollt der Verkehr ohne Unterlaß, zur spanischen Grenze am Col du Perthus sind es nur ein paar Kilometer. Aber es gibt noch ein bißchen Grün um die Kirche, und wenn man in ihr steht, dann ist die Autowelt und mit ihr die ganze Gegenwart sowieso für einige Zeit vergessen.

Die Kirche ist leer (wenigstens war das so vor zwölf oder fünfzehn Jahren, als wir dort waren), das Schiff ist keine zehn Meter lang, die Wände nur weiß oder hellgrau verputzt. Aber in der Apsis leuchten die Fresken: rot und orange, gelb und grün, urtümlich-expressionistische Figuren. In der Wölbung Christus als Weltenherrscher, um ihn wieder die Symbole der vier Evangelisten, an den Seitenwänden die vierundzwanzig Alten der Apokalypse, Spuren eines Schriftbandes, dessen Text man vor einiger Zeit identifizieren konnte:

Und da das Lamm das Buch nahm, da fielen die vier Tiere und die vierundzwanzig Ältesten vor dem Lamm nieder; und hatten ein jeglicher Harfen und goldene Schalen voll Rauchwerk, welches sind die Gebete der Heiligen.

Auch eine zweite Inschrift hat man identifizieren können. Sie stammt von einem Autor des 5. Jahrhunderts, und man fragt sich, wie solch ein Text ein halbes Jahrtausend später auf die Wand einer kleinen ländlichen Kirche gerät. Die Antwort liegt in Ripoll. Dessen Bibliothek besaß mehrere Werke dieses Coelius Sedulius.

Deutlicher aber lassen sich die Beziehungen zwischen Ripoll und dem religiösen Zentrum des Roussillon, dem Kloster Saint-Michel-de-Cuxa bei Prades rekonstruieren: am Anfang des 11. Jahrhunderts, dem Beginn des neuen Jahrtausends, war Oliba, Sohn des Grafen von Cerdagne, Abt von Cuxa wie Abt von Ripoll, dazu Bischof in Vich. Wie Ripoll aber ist auch Cuxa nach den Sternstunden der Romanik ein Opfer späterer Zeiten geworden. Während der Französischen Revolution wurde das Kloster vom Staat konfisziert und als „Nationaleigentum“ verkauft. Stück für Stück gelangten die Kapitelle der Säulen des Kreuzgangs in private Hände und sind heute zu einem großen Teil der Stolz des New Yorker Museums „The Cloisters“.

Saint-Michel-de-Cuxa liegt fern der großen Straßen in einem Nebental der Têt, aber die Pilger fanden den Weg zu den kostbaren Reliquien, die das Kloster behütete: Reste der Krippe aus dem Stall zu Bethlehem und der Windeln, in die das Kind gewickelt war.

Dem mönchischen Denken der Zeit aber war Cuxa nicht fern genug von der Welt. So entstand Saint-Martin-du-Canigou, ein frommes Felsennest hoch im Gebirge. Noch heute bekommt der Besucher die Weltferne an Leib und Seele zu spüren, wenn er sich vom Dörfchen Casteil aus auf den steilen Gebirgsweg zum Kloster macht:

Kurve um Kurve in kurzen Serpentinen empor, jede im Gegenlauf fast senkrecht über der unteren, unaufhörlich am Abgrund hin ... Irgendwann war dann doch das Schlimmste geschafft. Der Weg glitt durch zwei Felsblöcke wie durch ein Tor in ein Hochtal; mochte er auch noch steigen, die Himmelsleiter lag hinter mir. Schon erschien Saint-Jean-le-vieux zwischen den Bäumen, das die Mönche einst als Totenkapelle erbauten, und endlich gespensterte nach einer weit geschwungenen Kehre um den waldigen Kessel etwas wie ein lombardischer gedrungener Turm durch das Laub. Das Kloster! Saint-Martin-du-Canigou ist der Triumph der mönchischen Idee, aber sie streift hier ob ihrer Unbedingtheit das Absurde. Hoch, sehr hoch, die Nachbarkuppen im Nahen und Fernen überragend, ist es ins Menschenleere auf die weit vorspringende Felsnase eines der massiven Bergpfeiler gebaut, die dem Gipfel des Canigou als Widerlager dienen.

So der Pyrenäen- und Kunstfreund Helmut Domke. Zur Kirche Serrabone aber kann man, wenn auch auf schmalem und kurvigem Sträßchen, im Auto hinauffahren. Wir haben beim ersten Versuch unten im Tal bei der Abzweigung ein Schild übersehen, daß die Kirche am Dienstag geschlossen sei. Es war Dienstag, und so haben wir da oben eine wunderschöne Stunde im Sonnenschein und in der Einsamkeit verbracht, auf den Stufen der Kirchentür sitzend oder mit dem Fotoapparat auf der Jagd nach einem der ungezählten Schmetterlinge, die sich über dem winzigen, längst nicht mehr benutzten und fast zugewachsenen Dorffriedhof verlustierten, der zu Füßen der Priorei von Serrabone liegt. Die dörfliche Siedlung, die es hier oben einmal gab, ist längst verschwunden, verschwunden sind die Mönche, aber geblieben sind die marmornen Skulpturen von Mensch und Tier, von Engel und Teufel und Phantasiegeschöpf auf der Empore oder der Tribüne von Serrabone, die heute wie ein Lettner das Kirchenschiff in zwei Hälften teilt. Einen „kleinen Säulenwald voller Märchenbilder“ nennt Helmut Domke dieses Kunstwerk aus rosafarbenem, gelb und sogar blaugetöntem Marmor der Gegend – und in der Tat scheint die zierlich-verspielte Tribüne wie durch ein Wunder in den eher ärmlich rustikalen Kirchenraum versetzt, und wie aus sich selbst leuchtet der Marmor, wenn draußen die Sonne scheint: hier halten zwei sechsflüglige Seraphim Wacht, hier zielt ein Kentaur mit Pfeil und Bogen auf einen Löwen, hier grinst ein Männerkopf mit verzerrtem Mund, dort räkeln sich Fabeltiere, dort halten Raubvögel die Spitzen ihrer eigenen Flügel im Schnabel, dort hocken nebeneinander Affe und Widder, dort sind es Löwe und Engel, und jenes rechte Hinterbein eines Löwen wird zum linken Vorderbein eines Untieres, wenn man um die Säule und das Kapitell herumgeht. Wütend bleckt das Tier die Zähne und streckt eine gewaltige Zunge heraus – aber wem?

Cuxa, Saint-Martin-du-Canigou und Serrabone, auch Ripoll auf der katalonischen Seite, haben in der Gegenwart gewissermaßen ein zweites Leben gewonnen, sind aus Ruinen oder heruntergekommenen Gebäuden wieder zu Orten frommer Andacht und des Gebets geworden. Die Burgen des Mittelalters dagegen, auch sie zu Ruinen geworden, sind Ruinen geblieben, doch auch im Verfall, als bröckelndes, unzugängliches Mauerwerk, erinnern sie an die Vergangenheit, an die Geschichte des Languedoc: Aguilar, Quéribus, Puilaurens, Peyrepertuse, Montségur.

Reise in die untergegangene Welt der Katharer: Montségur und Montaillou

Es sind die Burgen der Katharer gewesen, jener religiösen Bewegung, gegen die zu Beginn des 13. Jahrhunderts ein Kreuzzug geführt wurde, der sie mit Stumpf und Stiel ausrotten sollte. In der Tat: es sind nur Ruinen übriggeblieben. Die Katharer selbst, die „Reinen", sind verschwunden, vertrieben oder verbrannt. Ihre Texte sind von der offziellen Kirche sorgfältig vernichtet worden, so daß wir über ihre religiöse und geistige Welt eigentlich nur unzureichend informiert sind.

Die Wurzeln der Bewegung reichen weit in die Vergangenheit zurück, bis zum Manichäismus, der in den ersten nachchristlichen Jahrhunderten entstanden war. Immer wieder fragten sich Menschen, die Gott suchten oder Gott gefunden hatten: wie kann es zugehen, daß ein guter Gott eine böse Welt geschaffen hat, mit bösen Menschen darin? Der Perser Mani hatte das Problem gelöst, indem er einem guten Lichtgott einen bösen Ungott der Finsternis gegenüberstellte: hier Gut – hier Böse; hier Hell – hier Dunkel. Nur in unserem irdischen Jammertal und zu unserem Unglück vermischen sich die Gegensätze, solange, bis die „Endzeit" herangekommen ist. Am Ende des ersten christlichen Jahrtausends war dann in der serbisch-orthodoxen Kirche die Sekte der Bogomilen entstanden. Sie stellten dem christlichen Erlöser einen bösen Bruder Satanael an die Seite.

Die Glaubensgemeinschaft der Katharer aber wurde zum Höhepunkt dieser Bewegung – und zu ihrem blutigen Endpunkt. Auch die Welt der Katharer beruhte auf dem manichäischen Dualismus von Gut und Böse, Gott und Teufel, Geist und Materie. Seit dem 11. Jahrhundert fand diese Lehre immer mehr Anhänger, in der Lombardei, in Deutschland, vor allem aber in Frankreich, und dort besonders im Languedoc. Nach der Stadt Albi nannte man die Katharer auch „Albigenser". Sie hatten ihre Gläubigen sowohl unter den einfachen Leuten, den Bauern und Handwerkern, wie bei dem großen Bürgertum und dem Adel. So blieben die Katharer denn auch nicht eine solidarische Gruppe von Gleichen unter Gleichen, sondern es entstand, nach dem Vorbild der Gesellschaft und auch der Kirche, eine Art Zwei-Klassen-Religion: es gab die einfachen Gläubigen, die „croyants", und es gab die „parfaits", die Vollkommenen, die weitaus strengere Lebensregeln befolgen mußten und in die geheimeren Riten der Lehre eingeweiht waren. Die Grundüberzeugungen bei beiden Gruppen aber waren die gleichen. In einer Schrift gegen die „Ketzer" (das ist das gleiche Wort wie „Katharer") „Opusculum contra haereticos", das ein gewisser Ermengaud, der selbst einmal Ketzer gewesen war, verfaßt hatte, liest man:

Die Katharer sagen und glauben in ihren geheimen Versammlungen, daß diese Welt und was man darin sieht, wie der Himmel, die Sonne, der Mond, die Sterne, die Erde, alle Lebewesen und die Menschen und alles, was man auf der Erde sieht, das Meer, die Fische und was sonst im Meer zu sehen ist, nicht vom allmächtigen Gott, sondern vom Fürsten der bösen Geister geschaffen wurde.

Die Kirche betrachtete das Treiben der Katharer natürlich von allem Anfang an mit Mißtrauen. Im Hinblick auf das ewige Heil hatte der Glaube der Katharer ja unübersehbare Vorteile: für sie gab es keine ewige Verdammnis. Irgendwann würde jede Seele einmal ihre irdische Fesselung abwerfen können, ob die Menschengestalt oder eine andere Inkarnation, und zu Gott zurückkehren. So wurden die Katharer zu Anfang des 13. Jahrhunderts von Papst Innozenz III. als Häretiker verdammt. Den gut katholischen französischen König Philippe-Auguste lockt der Papst mit den Territorien, die er im Languedoc an sich bringen könne. Als der König zögert, ruft der Papst zum Kreuzzug: jetzt soll mit Feuer und Schwert für den rechten Glauben gesorgt werden …

Zwei Jahrzehnte später ist Südfrankreich verwüstet, sind die Ketzer erschlagen oder verbrannt. Aber auch die politische Eigenständigkeit des Languedoc ist verloren gegangen: Sieger sind Rom und Paris. Doch es gibt noch Überlebende, denen die Inquisition den Prozeß machen kann, es gibt noch Widerstand, und im Winter 1243 auf 1244 kommt es zu einem dramatischen Finale: der Belagerung der Burg Montségur.

Montségur liegt in den nördlichen Pyrenäen, südöstlich von Foix. Man nähert sich dem Berg, wenn man es einrichten kann, am besten von Bélesta her, einem friedlich verträumten Dorf, in dem die kleine Nebenstraße nach Montségur abzweigt. Das haben wir getan, wollten uns dem gewaltigen Felsblock des Berges, wie wir ihn von Fotografien kannten, noch bei hellem Tageslicht nähern. Aber dann war da, gleich an der Straße in dem engen waldigen Tal, die Fontaine de Fontestorbes – die „verrückte Quelle" auf okzitanisch –, so genannt, weil sie in ganz regelmäßigen Abständen fließt und dann wieder versiegt, wieder fließt und wieder versiegt. Das Wasser fließt aus einer Quellgrotte, deren Inneres sich im Dunkeln verliert. Eine Art Wehr führt in die Grotte hinein. Es gibt Trittsteine, über die man gehen könnte und ein rostiges Geländer, aber das Wasser strömt über die Steine. Da kommt niemand trockenen Fußes hinüber. Das Wasser fließt und fließt, andere Neugierige haben angehalten, das Auto abgestellt und betrachten das fließende Wasser. Nach ein paar Minuten werfen sie einen Blick auf die Armbanduhr, einen letzten auf das fließende Wasser, gehen dann zum Auto und fahren weiter. In der Tat: sehr aufregend ist der Anblick des Wassers nicht. Wir gehen also im Tal ein bißchen auf und ab: für den sommerlichen Hochbetrieb gibt es einen Getränkekiosk mit der hier ganz exotisch wirkenden Reklame für „Ackerland" und „Kanterbräu" – und die Pünktchen über dem ä sind sogar vorhanden, sitzen auch nicht einmal, wie sonst mit Vorliebe in Frankreich, über dem u. Talaufwärts dämmert eine stillgelegte und verlassene Sägemühle vor sich hin. Mehr gibt es hier nicht zu sehen. Und dann werfen wir wieder einen Blick auf den Wasserstand: aha! Irgendwie fließt weniger Wasser über das Wehr, wird immer weniger, und dann versiegt es ganz, als wenn es nie geflossen wäre. Jetzt kann man sich über die Trittsteine in die dunkle Grotte hineintasten und über die seltsamen Einfälle der Natur nachsinnen.

Aber auch draußen ist inzwischen die Abenddämmerung hereingebrochen, und wir sehen am Ende des Tales den gewaltigen Felsklotz des Montségur nur als Silhouette vor dem wolkigen Abendhimmel. Vor rund 750 Jahren sind Truppen des französischen Königs und des Erzbischofs von Narbonne diese Straße hinaufgezogen. Sie hatten vermutlich keine Muße, das kleine Naturschauspiel der Quelle von Fontestorbes zu verfolgen.

Kampf gegen die Ketzer: ein Kreuzzug mit Feuer und Schwert und danach die Tribunale der Inquisition

Im Jahre 1204 war im Auftrag und mit dem Geld der Katharer von Mirepoix auf den Ruinen einer älteren Anlage eine neue Burg entstanden, auf der eine Gemeinschaft von Gläubigen lebte. Als dann 1232 die Verfahren der Inquisition begannen, wurde Montségur zur letzten Festung, auf die sich die von ihren Gütern und Burgen vertriebenen „parfaits" zurückzogen. Für die einfachen „croyants" war im Schatten der Burg ein Dorf entstanden. 500 Menschen, Adlige, Priester und Bischöfe, Bauern und Handwerker lebten hier oben. Dazu Männer, die das Kriegshandwerk verstanden.

Ein Jahr lang konnte sich Montségur gegen die Belagerer halten. Als die Situation aussichtslos wurde, ergaben sich die Katharer. Die einfachen Gläubigen erwartete die Inquisition, 225 „Vollkommene", Männer und Frauen, die ihrem Glauben nicht abschwören wollten, wurden am 16. März 1244 auf einer Wiese am Fuß des Montségur verbrannt. „Le Prat dels cramats" wird dieser Ort genannt. Ihn überquert man, wenn man sich auf den Weg zur Ruine macht. Es geht bald steil nach oben, der Pfad ist schmal und steinig und ausgetreten. Aber es sind zwei Arbeiter am Werk, denen ein Hubschrauber Sand und Zement und alte Eisenbahnschwellen hinauftransportiert hat. Damit werden Treppenstufen angelegt: längst ist Montségur eine Touristenattraktion geworden. Aber – um ehrlich zu sein – viel gibt es hier oben außer der atemberaubenden Aussicht nicht zu sehen. Die Zeitläufte und die Jahrhunderte haben ganze Arbeit geleistet. Viel mehr als die Außenmauern und der Stumpf des Bergfrieds sind nicht erhalten. Man muß sein „Montségur" also gewissermaßen im Kopf mit sich bringen, dann spürt man etwas von der Magie des Orts, dann graut es einem vor der unbarmherzigen Härte der Kirche, es graut einem aber auch fast vor der Glaubensstärke der Katharer. Aber eine bessere Kulisse für den letzten Akt ihrer Tragödie hätte ihnen der Schöpfer der Welt – Gott oder der Teufel? – nicht schaffen können.

Mit solchen Gedanken klettert man hinunter zum Parkplatz. Die beiden Arbeiter sind inzwischen eine Stufe weitergekommen und ganz zufrieden, daß wir das bemerken. Sie nehmen sich Zeit für eine Zigarettenpause, und wir unterhalten uns ein bißchen, zuerst über das Wetter: es wird Regen geben, weil die Kühe unten auf den Weiden so in Grüppchen zusammenstehen. Und dann erzählen sie von ihrer Arbeit: Sie sind „Compagnons du Tour de France", Handwerker also, die auf der „Wanderschaft" durch das Land in verschiedenen Handwerksberufen, Maurer, Zimmermann oder Schlosser, die alten Arbeitstechniken gelernt haben und am Leben erhalten. Unsere beiden arbeiten für die „Monuments Historiques", die Denkmalspflege. Überall in Südwestfrankreich haben sie schon Hand angelegt: in Toulouse, in Albi, in Moissac, in Saint-Bertrand-de-Comminges. „Eines kann ich Ihnen versichern", sagt uns einer der beiden zum Abschied, „wenn ich einmal in Rente bin, dann brauche ich keines dieser Kulturdenkmäler mehr zu besichtigen!" Und dazu lacht er.

Nicht alle Besucher des Montségur haben solch eine realistische Sicht der Dinge. Ganz im Gegenteil: längst ist der Berg zum Lieblingsobjekt der Geheimwissenschaftler, Astralspezialisten, Grals-Sucher oder auch der ganz und gar banalen Schatzgräber geworden. Irgendwo muß der Schatz der Katharer doch verborgen sein – warum nicht hier? Irgendwo muß es doch unterirdische Gewölbe geben, in denen die Mumien der „parfaits" die ewige Ruhe gefunden haben! Wo es um Geheimnisse und esoterische Rätsel geht, da sind im allgemeinen unsere deutschen Landsleute nicht weit, und es nimmt also nicht wunder, daß das einschlägige Œuvre von einem Deutschen stammt: „Kreuzzug gegen den Gral", daß natürlich auch Offiziere der deutschen Besatzungstruppen im Zweiten Weltkrieg hinter Gral und Schatz her waren. Wem in dieser Hinsicht Montségur immer noch nicht ausreichen sollte, der kann in Rennes-le-Château, 50 Kilometer östlich von Montségur, nach dem dort vergrabenen Schatz der Ritter des Tempelordens graben. Neuesten Veröffentlichungen zufolge findet sich dort im übrigen auch „das letzte Grab Christi"!

Ein vernünftigerer Vorschlag allerdings wäre es, von Montségur aus nach Montaillou zu fahren, etwas südlich der letzten Bastion der Katharer gelegen. Durch einen großen historischen Zufall haben sich die Protokolle der Befragungen erhalten, in denen die Leute aus Montaillou dem Inquisitor Rede und Antwort stehen mußten. Tausende von Details über den bäuerlichen Alltag des 14. Jahrhunderts sind da festgehalten. Eine Gauzia Clergue etwa erklärt in einem Verhör:

Während der Fastenzeit vor dreiundzwanzig Jahren kam ich eines Tages – nach dem Sonntag war es – vom Feld zurück, wo ich Rüben gezogen hatte. Da begegnete ich Guillaume Benet.
„Hast du schon zu Mittag gegessen?" fragte er mich.
„Nein", sagte ich, „ich faste."
„Na, was mich betrifft", sagte da Guillaume, „ich habe gestern in Ax-les-Thermes, wo ich eingeladen war, sehr gut zu Mittag gegessen. Erst hatte ich ja auch Bedenken. Ich habe deshalb die ‚guten Leute' um Rat gefragt. ‚Das ist alles eins', haben die mir gesagt. ‚Essen ist außerhalb der Fastenzeit eine genau so große Sünde wie während der Fastenzeit. Der Mund wird jedenfalls vom Essen besudelt. Iß also ruhig, tu dir keinen Zwang an.' Und danach habe ich mich dann gerichtet und bin so zu einer guten Mahlzeit mit Fleisch gekommen."

Der französische Historiker Emmanuel Le Roy Ladurie hat in seinem Buch „Montaillou. Ein Dorf vor dem Inquisitor 1294 bis 1324" aus diesen Protokollen das lebendige Bild einer kleinen mittelalterlichen Gemeinschaft in den Pyrenäen gezeichnet: Geburt und Kindheit, Alter und Tod, Diesseits und Jenseits. Da wird deutlich, daß noch lange nach der Katastrophe von Montségur der Glaube der Katharer seine Anhänger hatte. Eine Fabrisse Pons etwa berichtet dem Inquisitor von einem Gespräch, das sie mit dem häretischen Pfarrer geführt hat:

„Du begehst eine furchtbare Sünde, indem du bei einer verheirateten Frau schläfst."
„Doch keineswegs! Eine Frau ist so gut wie die andere. Die Sünde ist die gleiche, ob eine nun verheiratet ist oder nicht. Man könnte ebensowohl sagen, daß gar keine Sünde dabei ist."

Zu Fuß über die Pyrenäen: auf dem Jakobsweg nach Santiago de Compostela

Mit diesem überzeugenden, aber wohl auf schwachen logischen Füßen stehenden Argument wollen wir uns von der fernen und fremdartigen Welt der Katharer verabschieden, bleiben aber im Bannkreis von Frömmigkeit und Glauben. Die Pyrenäen waren nicht nur die Heimat der Ketzer, sie waren auch die große Barriere, die den mittelalterlichen Pilger vom Ziel seiner Wallfahrt, Santiago de Compostela, trennte. Dort, im hintersten Galizien hatte ein Einsiedler das Grab und die Gebeine des Apostels Jakobus gefunden, die bald Pilger aus allen Ländern Europas anzogen. Manche reisten auf dem Seeweg nach Santiago, die meisten aber kamen zu Fuß, auf dem „Jakobsweg":

Wer Pilger sein will,
Santiagopilger,
Muß schöne
Pilgerschuhe haben,
Wie sie der Heilige Jakobus trug,
als er nach Galizien ging.

Meine Kürbisflasche ist meine Gefährtin,
Mein Pilgerstab ist mein Begleiter
Der Gasthof zieht mich an.
Die Herberge ist mein Haus.

Auf vier Hauptwegen näherten sich die Pilger den Pyrenäen: wer auf der Via tolosana von Arles und Toulouse her kam, zog über den Col du Somport hinüber nach Jaca; wer auf den anderen Straßen kam, von Paris, von Vezelay und Le Puy, benutzte den Ibañeta-Paß und das Tal von Ronceval. Auf der spanischen Seite, in Puenta la Reina, trafen die beiden Wege zusammen. Welchen Weg aber auch immer man ging – die Wanderschaft war mühselig und gefährlich. Dazu war sie teuer, denn bald lebten die Leute längs des Jakobswegs von den Pilgern. Schon im 12. Jahrhundert wurde auch ein erster Reiseführer geschrieben, „Le Guide du pélerin de Saint-Jacques-de-Compostelle". Wer darin lesen konnte, oder wer sich daraus vorlesen ließ, der wußte, was ihn erwartete, wenn die Bergkette der Pyrenäen am Horizont erschien: man näherte sich dem Königreich Navarra, dem Lande der Basken.

Es ist ein barbarisches Volk. Es unterscheidet sich von allen anderen Völkern durch seine Bräuche und seine Rasse, voller Bosheit, von dunkler Hautfarbe, häßlich, ausschweifend, verdorben, falsch, treulos, verkommen; sie sind Lüstlinge und Säufer, wild und unbarmherzig, ehrlos und verlogen, gottlos und von rauhen Sitten, gewaltsam und streitsüchtig, unfähig zu jeglichem guten Gefühl, auf alle Laster und Schlechtigkeiten aus. Dieses Volk gleicht den Zigeunern und den Sarazenen durch seine Schläue und ist auf jeden Fall der geschworene Feind unseres fränkischen Volkes. Der Baske und der Navarrese tötet, wenn er kann, für einen einzigen Sou einen Franken.

So vorgewarnt kamen wir nach Saint-Jean-Pied-de-Port (also: St. Johannes am Fuß des Passes). Es war Markt gewesen, und die Händler sind noch dabei, ihre Stände zusammenzupacken. Der städtische Arbeiter fegt die Salatblätter zusammen, und ein paar Touristen schlendern durch die Straßen. Hier sollen einmal räuberische Basken friedliche Pilger ausgeplündert haben? Nicht zu glauben! Die Preise im Hotel und im Restaurant sind durchaus zivil. Freilich, auch die Jakobspilger sind nicht mehr das, was sie einmal waren. Sie ziehen nicht mehr psalmodierend und fahnenschwingend in ganzen Gruppen und unter Glockengeläut in die Stadt ein, nein, sie sitzen eher unauffällig im Restaurant am Nebentisch. In unserem Fall ist es eine Pilgerin. In Le Puy hat sie den Marsch begonnen, hat also schon viele hundert Kilometer zurückgelegt, aber jetzt ist ein Mißgeschick dazwischengekommen: sie hat eine Tendinitis, der linke Fuß will nicht mehr. Von Kanada, ihrer Heimat, ist sie nach Europa geflogen, um den Jakobsweg zu gehen, hat sich Ferientage zusammengespart, und jetzt das! Nach langem inneren Ringen, so erfahre ich auf meine diesbezügliche Frage, nach langem Überlegen habe sie sich jetzt entschlossen, weiterzupilgern, aber mit der Eisenbahn. Recht hat sie, und wir haben an jenem Abend noch ein paar Gläser Rotwein zusammen getrunken.

Zehntausend Pilgerinnen und Pilger ihresgleichen haben sich etwa 1992 offziell registrieren lassen – der Weg nach Santiago wird noch immer gegangen, sicher nicht mehr mit denselben Motivationen wie im Mittelalter, sondern oft in einer Mischung aus sportlicher Herausforderung und Metaphysik: man fährt den Jakobsweg mit dem Fahrrad, auch das ist eine höchst respektable Leistung.

Im Geist sind wir unserer Kanadierin in den nächsten Tagen noch gefolgt: sie hat schnell begriffen, daß es von Saint-Jean-Pied-de-Port keine Eisenbahnlinie nach Pamplona gibt, also hat sie einen Bus genommen, ist damit nach Ronceval hinaufgefahren, vorbei an schnaufenden und schwitzenden Radfahrern, vorbei an den Holzkreuzen, die die Pilger seit Jahrhunderten oben auf der Paßhöhe zurücklassen, vorbei am Kloster Roncesvalles und dann hinunter bis Pamplona. Dort haben wir sie im Tren rápido nach Santiago dann aus den Augen verloren. Oder hat sie einen einfachen Tren de pasajeros genommen, um langsamer ans ersehnte Ziel zu gelangen, damit auch die Seele mitkommen kann?

Uns aber hat es nach den Schrecken des Kreuzzugs gegen die Katharer, nach dem großen Schauspiel mittelalterlicher Volksfrömmigkeit noch einmal nach Katalonien gezogen, zu den abseits gelegenen romanischen Dorfkirchen im Boí-Tal, dem Vall de Boí, am Südrand des Nationalparks Aigües-Tortes. Man hat lange hin und her überlegt und gerätselt, wieso gerade in diesem Tal, das nicht einmal zu einer Paßhöhe hinaufführt, sondern in der Unwegsamkeit endet, wieso gerade hier in jedem Dörfchen, in jedem Weiler fast, ein meisterliches Gotteshaus entstehen konnte. Sie alle stammen aus dem 11. und 12. Jahrhundert, sind sich stilistisch nahe verwandt und haben in der Abgelegenheit des Tals die Jahrhunderte unbeschadeter überstanden als ihre Schwesterkirchen in den Städten.

In Taüll, einem kleinen Nebental, sind die beiden schönsten Kirchen zu bewundern, Sant Climent und Santa Maria. Schon von weitem sieht man den hohen, sechsgeschossigen Glockenturm von Sant Climent, ein Wunderwerk der lombardischen Romanik mit seinen Blendarkaden und den von Geschoß zu Geschoß nach oben größer werdenden Doppelfenstern. Aus unverputzten Steinen auch das Kirchenschiff, von den Kunsthistorikern unter leichtem Bedauern gelegentlich mit einem Schuppen verglichen. Aber all diese Dorfkirchen sind einfache Steingehäuse für etwas Immaterielles – und das haben sie auch nicht verloren, als man die Fresken von den Wänden löste und nach Barcelona transportierte, einen gewaltigen Christus als Weltenherrscher aus der Apsis, dessen nachdenklich-melancholischer Blick seit acht oder neun Jahrhunderten in eine unsagbare Ferne geht. Zu Füßen des Glockenturms träumt ein Friedhof vor sich hin, auf der gegenüberliegenden Seite hat eine kleine Gartenwirtschaft ihre Tische und Stühle aufgeschlagen. Es ist Sonntagnachmittag, und von überall her sind die Spanier mit Kind und Kegel gekommen, um dem Heiligen Clemens den Sonntagsbesuch abzustatten. Wir aber sind schon längst wieder unterwegs, fahren in einer großen Zickzacklinie hinüber nach La Seu d'Urgell. Hier residierte der Bischof: Seu heißt „sedes", Bischofssitz, und die Bischofskirche, die Kathedrale, zeigt uns, wenn man so will, das andere, das städtische Modell der katalonischen Romanik.

Wer aber La Seu d'Urgell sagt – der sagt auch Andorra, denn noch heute teilen sich der Bischof der Stadt und das französische Staatsoberhaupt in Paris die freilich nur noch nominelle Staatsgewalt über das Land. Die offizielle Sprache im Land aber ist das Katalanische, und die Romanik Kataloniens ist auch hier zu Hause. Uns hat der Zufall der Hotelsuche nach Meritxell gebracht. Dort stand bis zu der Brandnacht des Jahres 1972 das alte romanische Heiligtum des Landes – heute aber entdeckt man dort einen Neubau, der auf verblüffendste Weise mit alten romanischen Formen spielt und dabei Räume entstehen läßt, die nur den Himmel als Gewölbe haben. Der Architekt heißt Ricardo Bofill – ein Katalane. Überrascht es einen noch, nach Gaudí und Dali und Josep Pojiula?

Sind da nur der Spieltrieb und das menschliche Schmuckbedürfnis am Werk, oder wollen Schnörkel und Spiralen auch etwas sagen, Sinnbild unserer verschlungenen Lebenswege sein? (Amélie-lès-Bains)

San Clemente in Taüll (Boí-Tal), die schönste der vielen romanischen Kirchen in diesem Tal: nur ganz einfache geometrische Formen, aber ein vollendetes Meisterwerk des lombardischen Stils.

Hoch auf dem Hügel inmitten des Dörfchens die wehrhafte Kathedrale von Saint-Bertrand-de-Comminges. Zu ihren Füßen die Basilika Saint-Just von Valcabrère, für deren Bau im 12. Jahrhundert man Steine und Säulen einer untergegangenen gallorömischen Stadt verwendete.

Nuestra Senora de la Peña aus dem 16. Jahrhundert, fensterlos und unzugänglich wie die dahinterliegende Felswand der Peña del Morral (Graus am Zusammenfluß von Ésera und Isábena).

Aus einer kleinen, von Einsiedlern errichteten vorromanischen Kirche wurde im Lauf der Jahrhunderte das mächtige Kloster San Salvador de Leyre, eines der religiösen und kulturellen Zentren Navarras. Unten der Yesa-Stausee.

Wie eine kleine Festung für den Kampf gegen die Mauren liegt das Kloster Santa Cruz de la Serós am Hang der Sierra de la Peña – aber Santa Cruz war ein Frauenkloster.

Nächste Seite:

Drei Jahrhunderte lang wurde hier in San Juan de la Peña (westlich von Jaca) der Heilige Gral verwahrt – so wenigstens will es eine der vielen Legenden, die sich um das Kloster unter der überhängenden Felswand ranken.

Eines der Meisterwerke spanischer Romanik: das Portal von Santa María la Real in Sangüesa. Maria, eine der Gewände-Figuren, trägt eine Tafel mit dem Namen des Künstlers: LEODEGARIUS ME FECIT.

Im Tympanon des Portals von Santa María la Real das Jüngste Gericht mit den Posaune blasenden Engeln und Christus als Weltenrichter. Rechts die Wägung der Seelen.

Nächste Seite:

Santa María la Real: aus anderer Bauperiode und von einem anderen Künstler, dem sogenannten „Meister von San Juan de la Peña", stammen die beiden Galerien über dem Portal.

Santa María de Ripoll: nur die reich geschmückte Portalwand ist von der Pracht des einstmals berühmten Klosters, der „Wiege Kataloniens", erhalten geblieben. Oben Szenen aus dem Alten Testament, ganz links der tanzende David und die Bundeslade.

Santa María de Ripoll: Jahrhunderte haben an dem Kreuzgang gebaut und sich, dem Stil der Zeit folgend, weit von der künstlerischen Intensität und Einheit des Portals entfernt.

Serrabone: das Langhaus der heute ganz einsam stehenden Kirche wurde, vielleicht aus liturgischen Gründen, unterteilt durch eine säulengetragene Marmorempore mit reichem, fast orientalisch anmutendem figürlichem und ornamentalem Schmuck.

La Seu d'Urgell: nach der Zerstörung einer ersten Kirche durch die Mauren und nach der Reconquista entstand, unter lombardischer Bauleitung, die dreischiffige Kathedrale Santa María. Hier Mittelschiff und Chor.

Die Abtei Fontfroide: einst ein Zentrum der Inquisition und des Kampfes gegen die Katharer – heute ein Ort der Besinnung und des Friedens. Der Kreuzgang stammt vom Beginn des 13. Jahrhunderts.

Auch das 19. Jahrhundert gab seinen religiösen Stimmungen und Gefühlen künstlerischen Ausdruck. Hier die Bemalung einer älteren Kapelle an der Neste in Arreau.

SPES
PARAT
PONTIFICIQVE MINISTRAT. OFFERT VAS VITREVM VIMINEVM
CANISTRVM

San Juan de la Peña: nach einem Brand 1675 zogen die Mönche in einen Backsteinneubau auf dem Plateau über dem alten Felsenkloster. Aus Sandstein ist das barocke Portal mit Johannes dem Täufer.

Viel Gold, viel Glanz: Saint-Jean-Baptiste in Saint-Jean-de-Luz. In mehreren Etagen erhebt sich der Hochaltar aus dem 17. Jahrhundert bis zur Kirchendecke: ganz oben Gottvater, über ihm noch ein Pelikan.

Hilfreich wie Verkehrspolizisten stehen die Heiligenfiguren hier in Lourdes auf ihren Sockeln, um die von weither kommenden Pilger durch das architektonische Labyrinth des Pilgerzentrums zu geleiten.

Stendhal, Flaubert, Hugo oder die zweite Entdeckung der Pyrenäen

Wir sind in Pau, der altehrwürdigen Stadt im Vorland der Pyrenäen. Von hier aus hat man den klassischen, immer wieder beschriebenen Blick auf das Gebirge. Wenn man es genau nimmt mit der Aussicht, dann postiert man sich hinter der Orientierungstafel aus kunstvoll bemalten und beschrifteten Kacheln und kann dann, Berg für Berg und Gipfel um Gipfel, mehr als hundert Kilometer der Pyrenäenkette betrachten, von den ungezählten Vorbergen und den Tälern gar nicht zu reden: „Die schönste Aussicht der Welt!" hatte der Dichter Lamartine gemeint.
Hier in Pau ist 1838 der Schriftsteller Stendhal im „Hôtel de France" an der Place Royale abgestiegen. Hier beginnt die klassische Besuchstour durch das Gebirge. Aber es ist noch kalt in diesem April 1838, kalt, windig und regnerisch. Stendhal wird nachdenklich. Worauf hat er sich da eingelassen?

Exzellentes Hotel, exzellenter Tee, feine Aufmerksamkeit, exzellenter Ton der Domestiken, exzellentes Bett, hübsches Zimmer. Ich schlafe von Viertel vor Acht morgens bis zum Mittag. Wenn es mir gut geht, habe ich Einfälle. Ich beherrsche die Situation. Die Wolken, die der Spleen aufkommen ließ, die Launen und der Zwang an etwas anderes zu denken, verschwinden; der Blick des Geistes wird scharf.
Hier also die Idee: in Marseille die Wärme suchen. Dann, wenn es nicht mehr kalt ist, nach Tarbes zurückkehren oder sogar hierher, mit den kleinen Postkutschen, nach Oloron, Bagnères und so weiter fahren, um die Pyrenäen, wenn das möglich ist, einigermaßen zu sehen. Bisher kommen sie mir etwas wie Pygmäen-Berge vor. Ich habe sie 1828 bei Figueras überquert, dieser Tage bin ich bis Fontarabie gekommen, ihre beiden Enden also, und habe mir gesagt: Pyrenäen ubi es?

Pyrenäen – wo seid ihr? Und das war sie dann schon, die Pyrenäenfahrt des großen Reisenden Stendhal: ab nach Marseille, wo es vielleicht etwas wärmer ist als hier in Pau. Oloron und Bagnères und die anderen touristischen Highlights der Pyrenäen wird er nie zu Gesicht bekommen! Doch wenigstens hat er seine Reisenotizen – von Bordeaux bis Pau – nicht im Kamin verbrannt, um sich die Hände zu wärmen. Andere Schriftstellerkollegen aber waren weniger zimperlich und gingen Regen und Schnee nicht aus dem Weg: die Pyrenäenreise ist ein sicheres literarisches Sujet, das seinen Mann ernährt. Er muß nur den richtigen Ton finden und den richtigen Illustrator. So hat der Philosoph und Literaturwissenschaftler Hippolyte Taine, der sich auch an einem Pyrenäenbuch versuchen wollte, den großen Gustave Doré als Illustrator gewonnen. Und auch sonst – wenn man dem Vorwort glauben will – hatte das Werk einiges zu bieten:

Hier ist eine Reise in die Pyrenäen. Ich bin dort gewesen – das ist ein Verdienst. Denn viele haben solch eine Reise beschrieben – längere sogar – aber in ihrem Arbeitszimmer. Doch ich habe auch meine schwachen Punkte, die mich herabsetzen: als erster habe ich keinen unersteigbaren Berg bestiegen, ich habe mir weder Arm noch Bein gebrochen, ich bin von keinem Bären gefressen worden, ich habe keine junge, vom reißenden Gave fortgespülte Engländerin gerettet. Ich habe auch keine geheiratet, ich war bei keinem Duell dabei und habe keine Räuber- oder Schmugglertragödie erlebt.

Ich bin viel spazieren gegangen, ich habe etwas geplaudert, ich erzähle von den Vergnügungen meiner Ohren und Augen.

Hippolyte Taine, dessen „Voyage aux Pyrénées" 1863 erschien, gehört schon zur zweiten Generation der Pyrenäenreisenden, so wie der Historiker Jules Michelet mit „La Montagne" von 1868. Zur ersten Generation, die gewissermaßen noch in eine terra incognita reiste, gehörten Stendhal, Gustave Flaubert mit seiner „Voyage dans les Pyrénées et en Corse" von 1840 und Victor Hugo mit der „Voyage dans les Pyrénées", die er 1843 unternommen hatte. Aber natürlich waren auch sie nicht die allerersten gewesen.

Als Sekretär des Kardinals Rohan, der sich zu einer Kur in Barèges aufhielt, war 1787 Louis Ramond de Carbonnières in die Pyrenäen gekommen. Es war eine Liebe auf den ersten Blick – Ramon widmete sein ganzes weiteres Leben dem Gebirge: er forschte, sammelte, entdeckte, entwarf Theorien, philosophierte und schrieb 1789 die zwei Bände der „Observations faites dans les Pyrénées" und 1807 die „Voyages au Mont-Perdu". Offensichtlich war die Zeit reif: romantische Schwärmerei und die Lust auf (nicht allzu gefährliche) Reiseabenteuer ließen die Pyrenäen in Mode kommen. Schon 1809 kreierte die Gräfin d'Abrantès anläßlich einer Besteigung des Vignemale (südlich von Cauterets) das modische Outfit: Gamaschen, eine Nankinghose, ein Gehrock aus Kaschmir, der bis unter die Knie reicht, ein großer Umhang aus ungebleichtem Batist, große Schuhe aus Argelès, die genagelte Absätze haben und an denen sich Krampen befestigen lassen, schließlich ein eisenbeschlagener Stock, dessen Griff aus dem Gehörn einer Gemse besteht. Bei all dieser Begeisterung durfte natürlich auch der akademisch-wissenschaftliche Ausdruck für die Pyrenäenmode nicht fehlen: le pyrénéisme. Sein konsequentester Vertreter war Henry Russell, ein irischer Graf, der seine Leidenschaft für die Bergwelt der Pyrenäen zum Kult erhob, kurzerhand den Vignemale (mit 3298 Metern Höhe!) pachtete, sich dort Grotten in den Fels schlagen ließ, um da oben zünftig und gleichzeitig standesgemäß kampieren zu können. Anschrift: „Comte Henry Russell, montagne du Vignemale" – armer Briefträger!

Über die Vorzüge des Zufußgehens und die Unsterblichkeit der Seele à la Jean Paul

Der deutsche Reisende in den Pyrenäen fragt natürlich nach seinen deutschen Vorgängern: Heinrich Heine mit dem „Atta Troll" und dann – ja, dann entdeckt man, daß Jean Paul, Jean Paul Friedrich Richter aus Wunsiedel, der so etwas Privatgelehrt-Stubenhockerisches an sich hat, daß dieser Jean Paul von einer Reise in die Pyrenäen erzählt. Bei einer Wanderung im Tal des Adour schwärmt er von den Vorzügen des Zufußgehens:

Wir gingen den Pyrenäen entgegen – Kornfluren – Wasserfälle – Sennenhütten – Marmorbrüche – Haine – Grotten zogen sich, vom schlagenden Adersystem des vielästigen Adours beseelt, vor uns glänzend und offen dahin, und wir hatten sie wie herrliche, in Träume verwandelte Jugendjahre zurückzulegen …
Ach Viktor, nur Reisen ist Leben, wie umgekehrt das Leben Reise ist … wie glänzet man, wie dichtet, wie erfindet und philosophiert man, wenn man dahinläuft, so wie Montaigne, Rousseau und die Meernessel nur leuchten, wenn sie sich bewegen! Beim Himmel, wenn die Sonne oben dem Fußgänger von einem Laubgipfel zum andern nachfolgt, wenn die erblichne im Wasser unter den Wellen nachschwimmt – wenn Szenen, Berge, Hügel, Menschen im Wechsel kommen und fliehen und Freiheitslüfte über das ganze veränderliche Eden wehen – dann ist kein Wunder, daß ein Mensch sich auf die Füße macht, und daß er immer weiter will.

Zu finden ist dieser Lobpreis des Gehens in Jean Pauls kleinem Roman „Das Kampaner Tal oder über die Unsterblichkeit der Seele". In der Tat, die landschaftliche Schönheit dieses Tals am Oberlauf des Adour kann feinfühlige Gemüter schon auf metaphysische Gedanken bringen, nur – und das ist ein NUR in Großbuchstaben – Jean Paul ist überhaupt nie dort gewesen! Über das Fürstentum Bayreuth ist er nicht weit hinausgekommen. Aber er hat die Reiseberichte der Zeit studiert, und seine Beschreibung dieses Tals südlich von Campan ist ganz und gar überzeugend. Gute Autoren können so etwas!

Den deutschen Pyrenäenklassiker aber hat Kurt Tucholsky geschrieben. 1925 war er durch Südfrankreich und Nordspanien gefahren und hatte dann 1927 „Ein Pyrenäenbuch" veröffentlicht. Selbstkritisch hat er einmal angemerkt: „Es ist darin mehr von meiner Welt als von den Pyrenäen die Rede" – aber vielleicht hat gerade das den Erfolg des Buches ausgemacht.

Der Verleger Ernst Rowohlt, bei dem das Buch erschienen war, hat aber auch den politisch umstrittenen Autor Ernst von Salomon nach Südfrankreich geschickt: Tucholsky – links; Salomon – rechts. Mit dem Verlagsvorschuß kann sich Salomon auf den Weg nach Frankreich machen, nach Biarritz, Saint-Jean-de-Luz, unten an der spanischen Grenze. Dort hat man für ihn ein Haus mit Blick auf die Pyrenäen gemietet:

Madame geleitete mich in ein großes getäfeltes Zimmer mit einem Kamin. Madame schob ein Tischchen vor die mit großen, hölzernen Flügeln verschlossene Tür. Dann sah sie mich bedeutungsvoll an, sie ergriff die Türflügel an den Haken und schob sie mit einem Ruck auf. Dann blieb sie erwartungsvoll stehen und sagte: „Voilà! Quel joli tableau!"
Die Sonne strömte herein. Das Meer blinkte. Es warf seinen glitzernden, schneeigen Schaum gegen die Felsenküste. In weitem Bogen schwang sich die Bucht. Kühn erhob sich hinter den runden Kuppen grasiger Vorberge der grüne Gipfel eines steilen, spitzen Berges. „La Rhune!" sagte Madame. Bläulich schimmerte eine gewellte Kette am Horizont. „Les trois couronnes!" sagte Madame. Weit schob sich ein langgestrecktes Kap ins Meer. „Fuentarrabie!" sagte Madame. Vor der Küste wuchs ein einsamer, steiler Klotz, an den Rändern wild gezackt, aus dem Meer. „La Pile d'Assiettes!" sagte Madame.

Zu deutsch: „Der Stapel Teller!" – Wie der Fuchs, dem die Trauben zu sauer sind, haben wir die Pyrenäen bisher eigentlich nur aus der Ferne betrachtet und erlebt: Stendhal hat vor der Kälte kapituliert und ist nach Marseille weitergereist, Hippolyte Taine hat uns nur erklärt, was alles er nicht erlebt habe, Jean Paul ist höchstens im Fichtelgebirge gewesen, aber nie in den Pyrenäen, und Ernst von Salomon wird die Gebirgslandschaft als eine Art Postkarte vorgeführt.
Der große Troß der Schriftsteller und Dichter aber folgte dem mondänen Badepublikum ohne Zögern in die Kurorte, in denen sich die Bequemlichkeit der Städte aufs Angenehmste mit den Schönheiten der Natur verbinden ließ. Die Pyrenäen sind ungewöhnlich reich an Mineral- und Thermalquellen, die schon in früher Zeit genutzt wurden. So hat man etwa in Bagnères-de-Bigorre und in Bagnères-de-Luchon die Reste römischer Badeanlagen ausgegraben. Die hohe Zeit der Thermalkur in den Pyrenäen wurde das 19. Jahrhundert, aber vielerorts herrschte auch schon zuvor ein reges Badeleben.

Margarete von Navarra, ein Unwetter (im Tal von Cauterets) und seine literarischen Folgen

Da ist Cauterets, wo schon im 14. Jahrhundert Gaston Phébus, der glorreiche Graf von Foix, Besserung seiner Schwerhörigkeit suchte, wo sich zur gleichen Zeit Johanna von Navarra Heilung ihrer Lepraerkrankung erhoffte. Königlicher Glanz aber kam dann im 16. Jahrhundert mit Margarete von Navarra, der Königinwitwe und Schwester des französischen Königs François I. Unter „Glanz" ist freilich nicht ein luxuriöses Badeleben zu verstehen, Margarete von Navarra brachte eher geistigen, literarischen Glanz. Sie war eine gebildete, philosophisch und theologisch interessierte Frau, umgab sich mit Literaten, und so blieb es nicht aus, daß sie auch selbst zu schreiben und dichten begann.

Am ersten Tag im September, um die Zeit, da die Bäder in den Pyrenäen ihre wirksamste Heilkraft auszuüben beginnen, hielten sich in Cauterets etliche Badegäste aus Frankreich wie auch aus Spanien auf, die einen einer Trinkkur halber, andere, um zu baden, und manche wieder erhofften sich Heilung oder doch Linderung ihrer Gebrechen von dem Moorschlamm, was alles so treffliche Mittel sind, daß viele Kranke, die bereits von ihren Ärzten aufgegeben sind, hernach die Bäder gesundet wieder verlassen.
In jenen Bädern nämlich verweilten alle Kranken mehr denn drei Wochen, bis sie nach Hause heimkehren konnten. Doch gerade um den Zeitpunkt dieser Heimreise brachen so unglaubliche und gewaltige Regengüsse los, daß es schien, Gott habe das Versprechen vergessen, das er einst dem Noah gegeben hatte: nämlich die Welt nicht ein zweitesmal in Wasserfluten zu ertränken. Alle Hütten und Behausungen in besagtem Cauterets liefen dermaßen voll Wasser, daß man unmöglich darinnen bleiben konnte.

Die spanischen Badegäste gelangen über den Kamm des Gebirges in ihre Heimat, den französischen Gästen aber versperrt das Wasser den Weg nach Hause. So zieht sich eine kleine Gesellschaft in ein höher gelegenes Kloster zurück und vertreibt sich dort, bis sich die Wasser verlaufen haben, die Zeit mit dem Erzählen von Geschichten. Boccaccio hatte um 1350, zwei Jahrhunderte zuvor also, für sein Dekameron den gleichen literarischen Kunstgriff benutzt, um die hundert kurzen Erzählungen seines Werkes zu verbinden und zu gliedern: was bei Margarete von Navarra die Regengüsse der Pyrenäen sind, das ist bei Boccaccio die Pest. 72 Geschichten erzählen sich die aus Cauterets vertriebenen Herrschaften, so daß man der Sammlung den gelehrten Titel „Heptameron" gegeben hat. In allen Geschichten geht es um die Liebe, manchesmal um derbe Klostererotik („Ein Barfüßer nimmt bei einer Wirtstochter in der Hochzeitsnacht den Platz des Ehemanns ein"), manchesmal um entsagende Liebe („Zwei Liebende finden nicht die Erfüllung ihrer Wünsche und gehen ins Kloster").
Gedruckt wird das Heptameron erst nach dem Tod Margarete von Navarras. Ziemlich unvermittelt bricht der Text ab. „Hört mir also gut zu, wenn ich bitten darf" sind die letzten Worte – doch die 73. Geschichte hat Margarete von Navarra nicht mehr erzählt. Sie sollte von Mönchen und vom Tod handeln.
Drei Jahrhunderte später aber regnet es in den Pyrenäen noch genauso wie in den Zeiten der Margarete von Navarra. Hippolyte Taine hat auf seiner Expedition in Eaux-Bonnes Station gemacht, gerade zwei, drei Täler von Cauterets entfernt. Eaux-Bonnes – welch ein verheißungsvoller Name!

Von allen Orten der Welt ist Eaux-Bonnes an einem Regentag der ungefälligste – und die Regentage sind dort häufig. Die Wolken wälzen sich zwischen die beiden Wände des Tals von Ossau, ziehen langsam auf halber Höhe; die Gipfel verschwinden. Die schwebenden Massen drängen sich zusammen, schieben sich alle in die Schlucht ohne Ausgang und fallen dann als dünner, kalter Regen. Das Dorf wird zum Gefängnis. Der Nebel kriecht über die Erde, umhüllt die Häuser, läßt das von den Bergen schon gedämpfte Tageslicht ganz verlöschen. Die Engländer könnten glauben, sie seien in London. Durch die Fensterscheiben betrachtet man die halb verschwommenen Formen der Bäume, das Wasser, das von den Blättern tropft, die Trauer der fröstelnden und feuchten Gehölze. Man hört das Galoppieren der verspäteten Spaziergängerinnen in ihren angeklatschten, herunterhängenden Röcken, die sie schönen Vögeln mit vom Regen verklebtem Gefieder gleichen läßt.

Ob eine dieser verspäteten Spaziergängerinnen Ihre Majestät persönlich gewesen ist, die Kaiserin Eugenie? Sie frequentierte Les Eaux-Bonnes und brachte eigens aus Biarritz ihren Gärtner mit, um dem englischen Garten des Ortes den letzten botanischen Schliff zu geben. Der Jet-Set der Zeit aber war eher in Cauterets zu Hause. Den langen Reigen der Prominenz des 19. Jahrhunderts eröffneten Königin Hortense und ihr Gemahl Ludwig, König von Holland und Bruder Napoleons. Des weiteren findet man im örtlichen Who's who: Baudelaire und

Adolphe Thiers, Victor Hugo und Chateaubriand, Eduard VII. von England und Alfons XIII. von Spanien, Gabriel Fauré und Claude Debussy, nicht zu vergessen George Sand und Sarah Bernhardt.

Spleen und Langeweile, Weltschmerz und Überdruß und andere unliebsame Reisegefährten

Aber genug der großen Namen: Als der romantische Schriftsteller Chateaubriand von Cauterets aus die klassische Ausflugstour zum Lac de Gaube unternommen hatte, als er dort davon schwärmte, immer in solch paradiesischer Umgebung leben zu können, meinte eine der anwesenden Damen: „Sie würden sich hier zum Sterben langweilen". „Ich langweile mich überall", antwortete Chateaubriand. Aus dem Aphoristischen ins Allgemein-Menschliche übersetzt heißt das: wir schleppen unsere Befindlichkeiten immer mit uns herum. Am Lac de Gaube lauert die Langeweile, der Weltschmerz bleibt nicht zu Hause, wenn wir verreisen, er begleitet uns in den schönsten romanischen Kreuzgang oder auf die romantischste Burgruine. Auch Spleen und Liebeskummer sind treue Reisebegleiter und natürlich auch der grundsätzliche Zweifel am Sinn des Reisens. „Was tue ich eigentlich hier?" fragt Tucholsky. Und da er allein im Hotelzimmer sitzt, in Saint-Bertrand-de-Comminges, muß er sich selbst die Antwort geben: „Ich vertreibe mir so mein Leben." Was aber Gustave Flaubert angeht, hundert Jahre zuvor, und dito allein im Hotelzimmer, Bagnères-de-Luchon:

Ich sitze hier schreibend im Überzieher auf dem Sofa der Herberge, den Hut auf dem Kopf. Ich weiß weder, was ich tun, noch was ich lesen, noch was ich schreiben soll. So muß ich den ganzen Tag hinbringen, der verspricht, recht langweilig zu werden.

Der dritte im Bunde der von Spleen und Langeweile geplagten Reisenden wäre neben Gustave Flaubert und Kurt Tucholsky natürlich Stendhal. Aber dieser genial-verschrobene Snob hat ein Mittel gegen Langeweile und Lebensüberdruß gefunden: er regt sich auf über Kleinigkeiten, notiert jedes Mal, wenn es so stark regnet, daß er den Regenschirm nicht aufspannen kann, nicht einmal zur Hälfte, empört sich über die Ungenauigkeit der Landkarten, verleiht, wenn ihm etwas nicht paßt, an unbekannte Honoratioren das imaginäre Ordensband „der Nichterkenntnis des Schönen", hält seinen Zorn aber vor allem mit dem Kleingeld am Leben. Das ist nämlich im Süden meistens Falschgeld, die Einheimischen nehmen die Zwei-Sou-Münzen überhaupt nicht mehr an, und der Reisende Stendhal ist ständig auf der Hetzjagd nach Wechselgeld. Verständlich, daß da für die Naturschönheiten der Pyrenäen wenig Zeit bleibt.

Wir aber wollen dem mürrischen, schlecht gelaunten Herrn dankbar sein. Reisende wie Stendhal sind unschätzbar. Sie haben in einer Zeit, als es noch keine Photographie gab, die Welt mit eigenen Augen gesehen, haben nicht bloß nachempfunden, was der Baedeker oder ein anderer Reiseführer vorempfunden hatte. So werden Stendhals Notizen, die oft nur Stichworte sind, zu einem lebendigen Mosaik. In fast surrealistisch wirkender Manier reiht er Detail an Detail – zum Beispiel in Bayonne, der ersten Station seiner geplanten Pyrenäenreise:

Obwohl ich eine halbe Stunde lang durch den Sand gelaufen bin, habe ich das Meer nicht sehen können, nicht einmal in weiter Ferne.
Auf der Fensterscheibe meines Zimmers habe ich eine ganze Menge Mücken getötet, die armen Teufel waren durch die Kälte schon fast zur Hälfte erfroren und ich machte mir fast den Vorwurf, sie zu töten, aber ich habe an die kommende Nacht denken müssen.
Ungefähr zwanzig Schwarzpappeln, die gegenüber von meinem Fenster stehen, jenseits des Stadtwalles, gegen Westen hin, sind völlig belaubt. Zwei große Wasserpfützen werden von den Schwalben bestreift und heute morgen quakten die Frösche dort aufs Angenehmste.
Die Frauen aus dem Volk, selbst die wohlhabenden, tragen als Kopfputz ein Schnupftuch, von dem man drei Zipfel sehen läßt, der dritte viel länger als die beiden anderen. Meiner Meinung nach ist dieser Kopfputz, der immer ganz frisch aussieht (ich denke, das Schnupftuch wird nur einen Tag lang benutzt) äußerst graziös.
Die kleine Tasse Kaffee kostet in Bayonne sieben Sous, in Bordeaux sechs.

Von Bayonne aus macht Stendhal dann noch einen Abstecher nach Saint-Jean-de-Luz. Und Biarritz? fragt der neugierige Frankreichkenner? Biarritz, muß man zur Antwort geben, Biarritz bekommt von Stendhal gerade einmal zwei Zeilen: „Ich habe in Biarritz für drei Franc bestens gespeist. Ein sehr passabler Bordeaux-Wein."
Mehr war über Biarritz offenbar nicht zu berichten. Der Stern des Badeortes war noch nicht aufgegangen. Zwei Jahrzehnte nach Stendhal macht Hippolyte Taine seine Pyrenäen-Tour. Er ist ausführlicher – aber weniger schmeichelhaft:

Tristes Dorf, verunstaltet von regelmäßigen weißen Hotels, von Cafés und Reklameschildern, etagenweise längs der nackten Küste gestaffelt. An Gras gibt es nur einen schlechten, löchrigen und kranken Rasen, an Bäumen schmächtige Tamarisken, die fröstelnd an der Erde kleben, als Hafen gibt es einen Strand und zwei Buchten. Im Sand der kleineren verstecken sich zwei Fischerboote ohne Mast und Segel, „herrenlos" möchte man sagen.
Das Wasser nagt an der Küste; große Erd- und Steinbrocken recken ihre braunen und gelben Grate bis fünfzig Fuß über das Ufer. Von den Wellen sind sie abgeschliffen und durchbohrt, zernagt und zerrissen, und sie gleichen einer Herde gestrandeter Pottwale. Die Flut bellt und brüllt in den Eingeweiden der Felsen, in ihren tiefen, klaffenden Mäulern; und wenn sie das Wasser geschluckt haben, brechen sie es als Brühe und Schaum gegen die hohen leuchtenden Wellen, die sie ohne Unterlaß bestürmen, wieder aus.

Inzwischen aber war die goldene touristische Zukunft von Biarritz längst besiegelt. Frankreich hatte seit 1852 wieder einen Kaiser, Napoleon III. Dieser hatte sich mit einer spanischen Gräfin vermählt, da die alten europäischen Fürstenhäuser auf seine Bewerbungen ablehnend reagiert hatten. So wurde Eugenie de Guzman zur Kaiserin der Franzosen, und offensichtlich zog es sie aus dem trüben Norden immer wieder in den sonnigen Süden, in die Nähe der Heimat. Daher wurde Biarritz, ein paar Kilometer vor der spanischen Grenze, im Handumdrehen aus einem gottverlassenen Fischernest zu einem Mekka der vornehmen, reichen und hochadligen Welt. Noch heute zehrt die Stadt vom architektonischen Glanz jener Jahre, einer verwirrenden Vielfalt aller Stile, die damals gut und teuer waren. Wenn Napoleon III. seiner Eugenie schon eine Villa schenkte, deren Grundriß ein E wie Eugenie war, so wollten sich Bankdirektoren, amerikanische Millionäre, Hochstapler, reich gebliebene Adlige und reich gewordene Bäckermeister auch nicht lumpen lassen. Heute aber scheint Biarritz, den Emailleschildern an den Hauswänden nach zu schließen, ein gutes Pflaster für medizinische und paramedizinische Berufe zu sein, insbesondere, wenn sie sich auf die Beschwerden der älteren Generation spezialisiert haben: Gehhilfen und Hörgeräte und Krampfadernbekämpfung.

Maultiertreiber als Traumberuf: Schon Gustave Flaubert war auf Entdeckungsreise im Baskenland

Zurück in die glückliche Jugendzeit von Biarritz. Waren die Reisenden des 19. Jahrhunderts erst einmal bis hierher vorgedrungen, dann wollten sie auch noch die paar Schritte bis zur spanischen Grenze tun. Heute ist die Magie der Grenze fast verschwunden, das Ritual des Grenzübertritts gerät in Vergessenheit; ohne Herzklopfen und innere Spannung fährt man von einem Land ins andere. Unsere Reisenden des bürgerlichen Zeitalters aber nahmen die Grenze noch ernst: ganz ausführlich beschreibt Stendhal die rot angestrichene Holzbrücke, die über den Grenzfluß Bidassoa führt und das Häuschen am linken Ende der Brücke, in dem der spanische Polizeikommissar mit „perfekter Verbindlichkeit" seines Amtes waltet. Wie ein gelobtes Land liegt für Flaubert Spanien jenseits der Grenze:

Gestern war ich in Spanien, ich habe Spanien gesehen, das macht mich stolz und glücklich; ich möchte da leben. Ich möchte Maultiertreiber sein (denn ich habe einen Maultiertreiber gesehen), um auf meinen Mauleseln zu ruhen und den Klang ihrer Glöckchen in den Schluchten der Berge zu hören. Mein maurisches Lied würde, vom Echo weiter getragen, durch die Täler ziehen. Von Behobie erblickte ich Spanien auf der anderen Seite des Flusses, und mein Herz schlug vor Lust, mag das auch lächerlich sein.
Ach, welch schönes Land ist Spanien. Man braucht nur den Fuß über seine Schwelle zu setzen, um es zu lieben, und man wendet ihm voll Trauer den Rücken, denn ich trauerte ihm nach wie etwas Langbekanntem, als ich abends zu Fuß nach Behobie zurückkehrte und der Himmel im Unwetter den Fluß entlang grollte.

Gerade einmal einen Nachmittag ist Flaubert in Spanien gewesen, und er schwärmt wie ein alter, langgedienter Spanienfreund. Das Spanien, das er in diesen wenigen Stunden gesehen hat, ist das Traumland, das er in seinem Kopf mitgebracht hat, nicht ein reales Spanien. Denn Behobie auf der einen Seite der Bidassoa und Irún auf der anderen sind wie zwei Taschen ein und derselben Jacke: wir sind im Baskenland, in dem der Fluß als ethnische oder kulturelle Grenze eher bedeutungslos ist. Ein paar Tage später ist aus dem himmelhochjauchzenden Flaubert im übrigen ein gelangweilter, schwermütiger Hypochonder geworden – siehe die Szene im Hotelzimmer von Bagnères-de-Luchon!
Aber selbst die Langeweile und die Schwermut eines Gustave Flaubert dauern nicht ewig. Von Luchon aus nimmt er teil an einer Exkursion zum Port de Venasque, der Paßhöhe zwischen Frankreich und Spanien. Noch heute ist das eine beliebte Wanderung, noch heute erwartet einen dort auf halbem Weg das Hospice de France, nur ein bißchen neuzeitlicher geworden inzwischen. Auch Flaubert hat dort haltgemacht:

Es war Morgen, und der Schimmer der aufgehenden Sonne warf die Schatten der Zweige auf das Moos und die Blätter am Boden; es hatte geregnet, der Weg war schmutzig; der Mond stand weiß am Himmel. Bevor man das schwerste Stück nimmt, macht man beim Hospiz halt, einem großen Gebäude, das im Innern gerade so kahl ist wie von außen. Man sah nur die Kinder des Kastellans, die uns schweigend beobachteten. Die Küche ist hoch und gewölbt, damit sie das Gewicht der Lawinen tragen kann; Mauerspalten ersetzen die Fenster, und wenn man die Läden schließt, ist es stockfinster. Der Rauch stieg in Wolken vom Herde; der von draußen hereinkommende Wind blies ihn gegen die schwarzen Wände und trieb ihn um uns herum, ohne ihn beim Abzug mitzunehmen. Grobbehauene Eichenklötze liegen um das Feuer und dienen als Bänke.

Schweigend sitzen die Kinder des Kastellans in der Küche und betrachten die Fremden. Sie gehören zur Figurenstaffage des Gebirges, so wie die Domestiken im „Hôtel de France" von Pau oder der Polizeikommissar im spanischen Zollhaus an der Bidassoa. Die Besucher kamen in die Pyrenäen, weil sie dort das Angenehme mit dem Nützlichen verbinden konnten: die Kur im Badeort, das Naturerlebnis in der Umgebung. Zu beidem gehörten auch die Bewohner der Pyrenäen, und es konnte nicht ausbleiben, daß bald das Klischee vom typischen Einheimischen entstanden war. Jahrhundertelang hatte man nichts Genaues über diese Bergbewohner erfahren – jetzt konnte man sie auf einmal leibhaftig erleben: Hirten und Bärenjäger, Schmuggler und Banditen! Auf sie projizierte man die eigene Sehnsucht nach einem freien, natürlichen und tugendhaften Leben. Man bewunderte die naive Fröhlichkeit der Sänftenträger, in denen sich empfindsame Damen die Berge hinauftragen ließen, man war entzückt vom herben Charme der Bauernmädchen, die kleine Sträuße mit Wiesenblumen oder frisch gepflückte Walderdbeeren feilboten. Und dann erst die ländlichen Tänze, wie die Sardane in Katalonien, die Jota in Aragon und Navarra!

Einfaches Leben und ländliche Unschuld sind freilich den Lockungen des Tourismus noch jedesmal erlegen, in den Pyrenäen und dem Rest der Welt. Mit bewegten Worten erzählt Hippolyte Taine die Geschichte eines verlorenen Hosenknopfes: das Hausmädchen näht einen neuen an: „Macht einen Sou!" Aber leider mußte sie den neuen Knopf kaufen, weil im Nähkästchen keiner war: „Macht einen Sou!" Und dann fällt ihr ein, daß sie so viel Faden verbraucht hat, extra starken Faden: „Macht einen Sou!" Und zwei Stunden später entdeckt sie dann, daß sie beim Nähen die Spitze der teuren Nadel abgebrochen hat: „Macht einen Sou!" Und so fort ad infinitum. In der Tat mußten den Einheimischen, die oben in den Tälern noch in einer eher mittelalterlichen Welt lebten, die Touristen und Kurgäste wie Wesen aus einer anderen Welt vorkommen: sie kletterten auf die Berge, nur so zum Spaß, und sie hatten Geld. Selbst Hippolyte Taine verliert seinen heiter-ironischen Ton:

Es wimmelt von Bettlern. Ich habe kein Kind getroffen, das mich nicht um ein Almosen gebeten hätte. Von vier bis fünfzehn Jahren üben sie diesen Beruf alle aus. Niemand schämt sich dessen. Sie betrachten ganz kleine Mädchen, die kaum laufen können, wie sie auf der Hausschwelle sitzen und damit beschäftigt sind, einen Apfel zu essen: stolpernd kommen sie einem entgegen und halten die Hand auf. In einem Tal sehen Sie einen jungen Hirten bei seinen Kühen; er kommt näher und bittet um eine Kleinigkeit. Ein großes Mädchen mit einem Reisigbündel auf dem Kopf kommt vorbei; sie bleibt stehen und bittet um eine Kleinigkeit. Ein Bauer arbeitet am Weg. „Ich mache Ihnen da eine schöne Straße", sagt er, „geben Sie mir doch eine Kleinigkeit!" So ist es überall in den Pyrenäen.

Zwischen Bayonne und Pamplona: Victor Hugo bei der schwierigen Spurensuche im Land seiner Kindheit

Nur ganz mutige Reisende setzten ihre Wanderungen und Fahrten auch auf der spanischen Seite der Pyrenäen fort. Sechs Jahre lang war hier von 1808 bis 1814 zwischen Spanien und Frankreich mit großer Grausamkeit gekämpft worden – Goyas „Desastres de la guerra" zeugen davon. Auf diese Napoleonischen Kriege folgten 1834 bis 1839 die sogenannten „Karlistenkriege", in denen auch für oder gegen den Regionalismus gekämpft wurde, im Baskenland, in Aragon und Katalonien. Alle Reisenden berichten noch von den Spuren dieser Kriege.

Zu diesen vom Menschen verursachten Desastern kam hinzu, daß die Thermalquellen zwischen der französischen und der spanischen Seite der Pyrenäen von der Natur höchst ungerecht verteilt sind. Auf französischer Seite zählte man um die Mitte des 19. Jahrhunderts über 550 Thermalquellen, heute gibt es drei Dutzend Thermalkurorte, von Argelès-Gazost über Eaux-Bonnes und Eaux-Chaudes bis Vernet-les-Bains. Auf spanischer Seite aber werben gerade einmal drei Bäder um die Gunst der Kurgäste: Caldes de Boí, die Baños de Benasque („arg mitgenommen" nennt sie ein Reiseführer) und schließlich Balneario de Panticosa, das den abblätternden Charme des 19. Jahrhunderts ein bißchen in unsere Zeit herübergerettet hat. Verglichen mit dem glänzenden gesellschaftlichen Leben auf der französischen Seite ging es aber hier in Aragon und Katalonien eher familiär-bürgerlich zu. Es wird berichtet, daß es üblich war, im Reisegepäck seinen eigenen Wein mitzubringen und außerdem lebendes Geflügel in einem Käfig, um die Speisekarte des Hotels ein bißchen zu vergrößern. Der Vollständigkeit halber sei noch erwähnt, daß der dritte im Bunde der Pyrenäenstaaten, Andorra, erst um 1900 zu einer eigenen Thermalquelle kam, Les Escaldes. Und überhaupt – so ein süffisanter Kommentar – habe Halévys Oper „Val d'Andorra" in Paris mehr Besucher angezogen als das ganze Ländchen selbst.

1843 war Victor Hugo, geplagt von Rheuma und einem Augenleiden, in die Pyrenäen gekommen. Er gehört zu den Reisenden, die auch Spanien sehen wollen. Er will darüber schreiben, und er will auch Kindheitserinnerungen nachgehen: sein Vater war Offizier in den Armeen Napoleons gewesen und hatte es bis zum Militärgouverneur von Madrid gebracht. In seiner Ehe war er weniger glücklich; so mußte sich seine Frau eines Tages von Paris aus auf die lange Reise nach Spanien machen, um dem Vater die Kinder zu übergeben. An diese Reise als Neun- oder Zehnjähriger erinnert sich Victor Hugo: das Theater in Bayonne etwa und eine erste kindliche Verliebtheit.

Jetzt erkundet er das Baskenland: Biarritz, San Sebastián, Pasaia und Hernani. Hernani! Kein Franzose, wenn er diesen Namen hört, der nicht an die „Bataille d'Hernani" denkt. Aber nicht das Städtchen Hernani im Baskenland ist gemeint, sondern Hernani, der Held in Hugos gleichnamigem Versdrama, das 1830 in der Comédie Française uraufgeführt worden war und einen heftigen literarischen Streit zwischen Klassikern und Romantikern ausgelöst hatte. Jetzt, 1843, zählt Hugo auf dem Weg von San Sebastián nach Hernani die Ruinen der wenige Jahre zuvor im Bürgerkrieg zerstörten Häuser und Gehöfte. Siebzehn habe er in fünf Minuten gezählt, notiert Hugo, dann habe er das Zählen aufgegeben. Über Tolosa geht die Reise weiter nach Pamplona:

Wenn man eine Stadt zum ersten Mal am Horizont erscheinen sieht, dann ist das erste Objekt, das man mit dem Blick sucht, die Kathedrale. Als ich nach Pamplona kam, sah ich im äußersten Westen der Stadt zwei abscheuliche Glockentürme aus der Zeit Karls III., einer Epoche, die unserem schlechtesten Louis XV. entspricht. Diese beiden Glockentürme, die Turmhelme sein möchten, sind einander völlig gleich. Wenn Sie darauf bestehen, sich einen dieser Turmhelme vorzustellen, dann malen Sie sich vier dicke Korkenzieher aus, die eine Art dickbauchiges, geschwollenes Gefäß tragen, das von einem dieser klassischen Töpfe gekrönt wird, die man üblicherweise Urnen nennt und die so aussehen, als seien sie aus der Ehe einer Amphore mit einer Kruke hervorgegangen. Und das alles aus Stein! Ich bin wirklich in Wut geraten. „Wie", habe ich mir gesagt, „das haben sie aus der fast romanischen Kathedrale von Pamplona gemacht!" Ich war in Versuchung, überhaupt nicht zu der Kathedrale hinzugehen. Aber als ich dann in Pamplona war und am Ende einer Straße das erbarmungswürdige Bild der beiden Türme vor mir hatte, fühlte ich doch Skrupel und ging auf das Portal zu. Von nahem gesehen ist es noch schlimmer! Oh mein Freund, wie ist das Häßliche dumm, wenn es sich anmaßt, schön sein zu wollen.

Nein, die „Verschönerungen" des 18. Jahrhunderts, ob in Paris oder in Pamplona, fanden keine Gnade in den Augen Victor Hugos. Aber das Innere der Kirche und der Kreuzgang aus gotischer Zeit werden für ihn zu einem großen künstlerischen Erlebnis. Wie Stendhal war er ein Fanatiker des Details, unermüdlich hat er notiert und aufgeschrieben. Und er hat gezeichnet und gemalt! Hier eine Hausecke, dort eine Ruine, eine Pflanze, ein Dorf, eine Landschaft: sein graphisches Werk umfaßt zwei dicke Bände.
Victor Hugo war nicht der erste, der mit dem Zeichenblock und dem Skizzenheft durch die Pyrenäen gereist ist. Es war schnell ein Markt für Bilder aus der exotischen Welt des Gebirges entstanden, und bald konnte man überall in den Badeorten Lithographien mit malerischen Ansichten der Landschaft, mit den Trachten und Tänzen ihrer Bewohner erwerben. 1826 war ein umfangreiches Sammelwerk mit Stichen von Ignace Melling erschienen, dem bald andere folgten. Und was für Bilder galt, galt natürlich auch für Romane und Erzählungen, die vor der Kulisse der Pyrenäen spielten. Hier kommt den Engländern die Ehre der literarischen Entdeckung zu. Sie hatten die Alpen entdeckt, sie hatten die Côte d'Azur erfunden, und sie spielen auch bei der Eroberung der Pyrenäen eine große Rolle: englische Offiziere in den Napoleonischen Kriegen und bald wanderlustige Gentlemen und kränkelnde Ladies.

Werwölfe, Laminàks und Cagots: „Unheimlich ist's, in die Pyrenäen zu gehen"

Schneller aber waren die Schriftsteller gewesen, die die Pyrenäen in eine rechte Horrorszenerie verwandelten. So läßt Ann Radcliffe ihre „Geheimnisse von Udolpho", einen der berühmtesten englischen Schauerromane, zum Teil in den Pyrenäen spielen. Andere Werke ähnlichen Kalibers ließen nicht auf sich warten: „Das Schloß in den Pyrenäen", „Der Einsiedler in den Pyrenäen", „Der Wahnsinnige aus den Pyrenäen". Und bald schrieben auch die Franzosen: „Olympia oder die Räuber in den Pyrenäen", „Die Erscheinungen im Pyrenäenschloß" oder „Die Hexe der Pyrenäen". Selbst Alfred de Vigny, ein großer Liebhaber der Romane Ann Radcliffes, huldigt dem Genre mit seinem Räuber- und Verschwörer-Roman „Cinq-Mars", dessen spannendste Szenen sich hoch in den Bergen während eines höllischen Pyrenäengewitters abspielen. In Deutschland aber schrieb Annette von Droste-Hülshoff einen kleinen Zyklus von Gedichten unter dem Titel „Volksglauben in den Pyrenäen": Silvesterfei – Münzkraut – Johannistau – Maisegen – Höhlenfei – Der Loup Garou:

Wißt ihr, dort, wo das Naß vom Schiefer träuft
Und übern Weg 'ne andre Straße läuft,
Das nennt man Kreuzweg, und da geht er um,
Bald so, bald so, doch immer falsch und stumm
Und immer schielend; vor dem Auge steht
Das Weiße ihm, so hat er es verdreht.
Dran ist er kenntlich und am Kettenschleifen,
So trabt er, trabt, darf keinem Frommen nahn,
Die schlimmen Leute nur, die darf er greifen
Mit seinem langen, langen, langen Zahn. –

Vom reichen Kaufmann hab' ich euch erzählt,
Der seine dürft'gen Schuldner so gequält,
Und kam mit sieben Säcken von Bagnères,
Vier von Juwelen, drei von Golde schwer;
Wie er aus Geiz den schlimmen Führer nahm
Und ihm das Untier auf den Nacken kam.
Am Halse sah man noch der Krallen Spuren,
Die sieben Säcke hat er weggezuckt,
Und seine Börse auch, und seine Uhren,
Die hat er all zerbissen und verschluckt. –

Schließt die Tür, es brummt im Wald!
Als die Sonne sich heut verkrochen,
Lag das Wetter am Riff geballt,
Und nun hört man's sieden und kochen.
Ruhig, ruhig, du kleines Ding!
Hörst du? drunten im Stalle – hu!
Hörst du? Hörst du's? kling, klang, kling,
Schüttelt die Kette der Loup Garou.

Der Loup Garou der Pyrenäen – das ist der deutsche Werwolf! Aber unser kurzer Streifzug durch die dunklen Gefilde der schwarzen Romantik und des Aberglaubens wäre unvollständig, würden wir nicht die Laminàk und die Cagoten wenigstens erwähnen. Die Laminàk, so wird es in den baskischen Märchen erzählt, sind kleine, verkrüppelte Wesen mit dicken Beinen, langen Haaren und Bärten, die unter dem Wasser der Flüsse leben. Auf seltsame Art sind sie unausweichlich mit der Welt der Menschen verbunden: Ohne die Hilfe einer Menschenfrau können die Frauen der Laminàk ihre Kinder nicht zur Welt bringen, und für einen seligen Tod braucht der Laminàk ebenfalls einen Menschen, der ihm ein Gebet spricht.
Gehören die Laminàk ins Reich der Fabel und der Phantasie, so waren die Cagots oder Cagoten eine kleine mißachtete und geknechtete Minderheit, eine Bevölkerungsgruppe, über deren Herkunft und Ursprünge man lange

und ziemlich ergebnislos gerätselt hat. Waren es isoliert gebliebene Stämme aus dem Neolithikum? Durch Inzucht degenerierte Reste der westgotischen Eroberer? Oder Sarazenen, die sich in die Pyrenäen geflüchtet hatten? Ausgestoßene Leprakranke, die angeblich diese Krankheit weitervererbten? Oder Zigeuner? Oder vertriebene Juden? Schon im 12. Jahrhundert waren die Cagots unter den Schutz der Kirche gestellt worden. Auf Taufurkunden wurde die Bemerkung „cagot" eingetragen, manche Kirchen besaßen für die Cagots einen kleinen, versteckten Sondereingang und ein besonderes Weihwasserbecken, damit die richtigen Christen mit ihnen nicht in Berührung kamen. Die Cagots hatten kein Recht auf Grundbesitz, durften keinen Handel treiben, keine öffentlichen Ämter bekleiden, manchmal zwang man sie, an ihre Kleidung ein Erkennungszeichen in Form eines Gänsefußes zu tragen. Einzig mit Holz durften sie arbeiten, da Holz die Lepra nicht überträgt. So die Argumente! Die Cagots waren also vor allem Zimmerleute und Tischler oder Schreiner. „Zu Hause" waren sie im Baskenland, in Navarra, in der Gascogne, vor allem aber im Béarn, in der Vallée d'Aspe etwa. Im Lauf des 19. Jahrhunderts sind die letzten Cagots dann in der übrigen Bevölkerung aufgegangen. Heinrich Heine hat ihnen in seinem „Atta Troll" noch ein kleines Denkmal gesetzt:

Ich reichte
Freundlich meine Hand dem Bruder.
Und ich küßte auch sein Kind,
Das, am Busen seines Weibes
Angeklammert, gierig saugte;
Einer kranken Spinne glich es.

Doch wir wollen unsere literarische Reise durch die Pyrenäen nicht mit Loup Garou, Laminàk und Cagot beschließen. Von André Gide war noch nicht die Rede und dem Tagebuch seiner Fahrt nach Andorra; die traurige Liebesgeschichte „Ramountcho" von Pierre Loti müßten wir noch vorstellen und die Skizzen des kindlich-frommen Francis Jammes, der seinen Lebensabend in Hasparren verbrachte. Aber wir wollen zum Schluß Gustave Flaubert vom Hospice de France aus auf seiner Bergwanderung folgen:

Von Zeit zu Zeit glaubt man auf der Höhe des Berges angekommen zu sein, aber plötzlich ist man an einer Biegung; der Berg scheint zu wachsen und gleichsam weiter zu laufen, wie man ihn ersteigt; doch macht man halt, in dem Glauben, der Berg versperre den Aufstieg und hindere am Weitergehen, hier sei man am Ende … Aber plötzlich scheint das Gebirge zu zerreißen und die Maladetta steht da. Zur Linken hat man die sämtlichen Berge der Auvergne (sic!), zur Rechten Katalonien; Spanien liegt vor einem, und in Gedanken eilt man bis nach Sevilla, bis nach Toledo, bis zur Alhambra, bis nach Cordova, bis nach Cadiz; man fliegt über die Gebirge und schwingt sich zu den Adlern empor, die in der Höhe kreisen.
Beim Anblick all dieser ragenden Spitzen, ihres unregelmäßigen Absturzes und Aufstieges denkt man an gewaltige Wogen eines Ozeans von Schnee, der plötzlich erstarrt wäre.

An ihren Mützen sollt ihr sie erkennen: wir sind im Baskenland, in Ciboure, und die Mauer stammt von Vauban, der hier – wie in ganz Frankreich – Festungsanlagen gebaut hat.

INFIRMOR

Zu Füßen der Kathedrale von Saint-Bertrand ist gut ausruhen – aber wie ein modernes Damoklesschwert hängt das sperrige Verkehrsschild nur noch an einem eisernen Faden.

Wallfahrtsort Saint-Bertrand-de-Comminges: SALUS INFIRMORUM, das Heil der Schwachen. Ist die Jungfrau gemeint oder das kühle Brunnenwasser oder der winzige Heilige Bertram aus dem 11. Jahrhundert?

Wohlstand und Besitzerstolz sind hinter solchen Türen zu Hause. Wir sind in Rivesaltes, dem Städtchen nördlich von Perpignan, das jährlich 500 000 Hektoliter süßen „Rivesaltes" produziert.

Rost und abgeblätterte Farbe – eine Tür, hinter der niemand mehr lebt. Wir sind in Lanuza, einem verlassenen Dorf am Oberlauf des Río Gállego.

Saint-Jean-Pied-de-Port: die Blüten des Trompetenbaums sind eine lebendige Erinnerung an die Zeiten, als die Pilger auf dem Jakobsweg hier mit Trompetenschall begrüßt wurden.

Was dem einen der schneeweiße Knoblauch und die violetten Peperoni sind, das sind dem anderen die makabren Jagdtrophäen – Stolz an der Haustür!

Zufriedenes Schaf – und dabei weiß es nicht einmal, daß sein Stall in Llo, einem winzigen Nest der Cerdagne, auf dem Boden einer bedeutenden bronze- und eisenzeitlichen Siedlung steht.

Am Col d'Erroymendi. Weisheit à la Tucholsky, aus seinem Pyrenäenbuch: „In den baskischen Provinzen gibt es viele Schafe."

Nächste Seite:

Schafe im Schatten der hohen Mauer des Klosters Saint-Michel-de-Cuxa bei Prades.

Nachdenklichkeit mal fünf. Und wieder einmal der alten Kindheitsversuchung erlegen, das knusprige Weißbrot anzubrechen, bevor man zu Hause ist! (Hondarribía)

Nächste Seite:

Tucholsky war schon eher da: „Wie Balkons ein Straßenbild verändern! Fuentarabia, als pittoresk gepriesen, aber so leid es mir tut: blitzsaubere Straßen" (baskisch: Hondarribía).

BAR ONDARRIBI

BAR CONCHITA

Alas: „Was, Sie ke
Alas nicht? An d
D 204! Zwische
Engomer und Arrout! Auch n
Im Tal von Balaguères! Das d
berühmte Abbé Castet besung
hat! Ça alors! Sie wissen aber
gar nichts!"

Bergauf, bergab, ein langer steiniger Weg – die Pyrenäen im 20. Jahrhundert

Wie lange man denn fahre von Agos-Vidalos, hatten wir die Dame im Hotel gefragt, wie lange man denn fahre von Agos-Vidalos zum Pic du Midi, dem Pic du Midi de Bigorre wohlgemerkt und nicht dem Pic du Midi d'Osseau, den gibt es nämlich auch, und er ist sogar zwölf Meter höher als sein Namensvetter, der es nur auf 2872 Meter bringt. Mit ähnlicher Präzision antwortete die freundliche Dame: eine Stunde und fünfzehn Minuten würden wir brauchen. So ungefähr hat das auch gestimmt, nur, als wir oben am Col du Tourmalet angekommen waren, wo das Nebensträßchen „à péage" zum Col du Midi abzweigt, war dort eine Schranke aufgebaut: kein Weiterkommen für Autos, nicht einmal für Radfahrer, die hechelnd und mit roten Köpfen vom Rad steigen und sich von der Frau, die im Auto hinterhergefahren ist, vor dem Betonschild „Col du Tourmalet 2115 m" fürs Familienalbum fotografieren lassen. Selbst Wanderer dürfen sich an der Schranke nicht vorbeidrücken. Ein mythischer Ort des Pyrenäentourismus ist verbarrikadiert, und ich wette, die freundliche Dame vom Hotel in Agos-Vidalos hat es gewußt und wollte nur ihren Kollegen von der Buvette am Schlagbaum das Geschäft nicht verderben. So können wir die berühmte Aussicht vom Pic du Midi nur auf einer Postkarte studieren. Auch dort, zugegeben, ist sie noch aufregend genug, da der Pic du Midi, wie ein Vorwerk oder eine Vorburg, vierzig, fünfzig Kilometer vor dem eigentlichen Kamm der Pyrenäen liegt. Man hat also die lange Kette der Dreitausender vor sich in fast greifbarer Nähe.

Natürlich lenkten die frühen Bewunderer dieser Aussicht ihre Blicke auch zum Himmel, und so entstand die Idee, hier oben ein Observatorium zu errichten. Mit dem Bau wurde 1881 begonnen, und Maultiere schleppten Baumaterial und astronomische Instrumente auf den Gipfel. Wie Polarforscher im ewigen Eis verbrachten die Wissenschaftler die ersten Winter in der Station. Eine Kuppel wurde 1904 errichtet, und als Tucholsky 1925 zum Inspizieren kam, funktionierte das Observatorium aufs Beste.

In seinem „Pyrenäenbuch" kann man das nachlesen. Wir haben dieses, als eine Art Parallel-Reiseführer, auf dem Rücksitz liegen und stellen jetzt fest, daß Tucholsky offensichtlich das Pyrenäenbuch von Hippolyte Taine dabei hatte. Dessen Bergwanderung auf den Pic du Midi zitiert er nämlich genüßlich:

Abmarsch vier Uhr morgens im dichten Nebel. Beginn der steilen Böschung; langsamer Aufstieg im Gänsemarsch. Erste Stunde: Rückenansicht meines Führers sowie eines Pferdehinterteils. Der Führer hat eine Jacke aus flaschengrünem Samt, rechts und links ist der Stoff ausgebessert, das Pferd ist schmutzigbraun und hat Striemen. Große Steine auf dem Weg, ich muß an die deutsche Philosophie denken.

Tucholsky selbst drückt sich etwas geheimnisvoll-unklar aus, man soll wohl annehmen, er sei von Barèges aus wie Hippolyte Taine zu Fuß marschiert. Aber vermutlich hat er in der Hotellerie am Col du Tourmalet übernachtet, ein Alpinist ist er nicht gewesen. Während aber Taine in eine Wolken- und Nebelsuppe gerät und überhaupt nichts sieht, hat Tucholsky einen herrlichen klaren Blick, nach Norden in die Ebene, nach Süden ins Gebirge: „Die Gebirgskette der Pyrenäen" hat er in Pau geschrieben, „das ist wie eine Symphonie in A-Dur." Vom Observatorium notiert er noch, daß dort Hühner gehalten würden und daß man gerade dabei sei, eine Zahnradbahn zu bauen.

Tucholsky reiste weiter, die Astronomen aber fuhren fort, den Himmel zu beobachten. Das „Observatoire du Pic du Midi de Bigorre" war spezialisiert auf Beobachtungen von Sonne und Saturn, hat in Zusammenarbeit mit der NASA zur Vorbereitung der sogenannten Apollo-Mission die Mondkarten erstellt. Aber dann kam 1993 die Hiobsbotschaft: das Observatorium müsse 1998 seine wissenschaftliche Arbeit einstellen. Es sei zu teuer und angesichts der Leistungen von Satelliten überflüssig geworden. Panik natürlich in der Region, von Bagnères-de-Bigorre bis Agos-Vidalos! Das Observatorium muß erhalten bleiben und wenn auch nur als Anziehungspunkt für Touristen!

Darum der geschlossene Schlagbaum! Lächerliche 30.000 Besucher kamen bisher im Jahr: 60.000 müssen es werden! Und eine hochoffizielle Broschüre des „Conseil Régional des Hautes-Pyrénées" spricht von 200.000 Besuchern im Jahr, verteilt auf 400 Stück alle zwei Stunden. Dafür werden zwei Seilbahnen installiert, wird das Sträßchen in eine Straße umgebaut, entsteht ein Parkplatz entsprechender Kapazität: „le Pic, superstar" heißt es in der Broschüre.

Soll man lachen, soll man weinen? Soll man sich ein verlassenes Observatorium wünschen, das langsam zu einer Ruine des technischen Zeitalters wird und zu dem nur einsame Wanderer emporsteigen, oder soll man einer der 200.000 werden und im Herdenbetrieb einen Pic superstar absolvieren? So sind die Einheimischen in den Pyrenäen und die verantwortlichen Politiker auf einer riskanten Gratwanderung: hier der Absturz in Arbeitslosigkeit und Landflucht – dort der Absturz in den Massenbetrieb, der dann eines Tages an sich selbst erstickt.

Ein paar Tage zuvor hatten wir auf der spanischen Seite ein ähnlich befremdendes Erlebnis, bekamen wir ein zweites Exempel für das komplizierte Nebeneinander oder Gegeneinander von Natur und menschlicher Gesellschaft in den Pyrenäen. Wenn man nicht vorher im Reiseführer geblättert hat und ungefähr weiß, was auf einen zukommt, könnte man an eine Fata Morgana glauben: plötzlich steht da, oben im Tal des Aragón, in ländlich-dörflicher Landschaft ein monumentaler Bahnhof, ein pompöses Prachtstück, das der Phantasie eines Jules Verne entstammen könnte, einer Weltstadt zur Ehre gereichen würde, das aber hier, zwischen Gras und Gebüsch sich ausnimmt wie ein architektonischer Gulliver bei den Liliputanern. Grotesk-gigantisch wie der Bahnhof ist die Geschichte seiner Entstehung, die Jahrhundertgeschichte einer Fehlplanung:

Schon um 1850 entsteht ein Projekt für eine Eisenbahnverbindung von Paris nach Madrid, aber dann wird 30 Jahre lang um die beste Linienführung gestritten und intrigiert, bis die Linie über Canfranc im Tal des Aragón den Zuschlag bekommt. Dann wird jahrzehntelang gebaut; 1915 ist der acht Kilometer lange Tunnel unter dem Pyrenäenkamm fertig, 1928 kann endlich der Bahnhof Canfranc eingeweiht werden. „Es gibt keine Pyrenäen mehr", sagt der spanische König Alfonso XIII. beim Blick in die dunkle Tunnelröhre.

Was lange währt, wird nicht immer gut: die Eisenbahnlinie über die Pyrenäen ist ein finanzielles Fiasko. Es verkehren vor allem die sogenannten „Apfelsinenzüge", Obst und Gemüse aus Spanien für den französischen Markt, aber jede Obst- oder Gemüsekiste muß wegen der unterschiedlichen Spurbreite in Spanien und Frankreich umgeladen werden. Im Spanischen Bürgerkrieg, im Zweiten Weltkrieg bleibt der Tunnel gesperrt, und 1970 wird der internationale Verkehr dann ganz eingestellt, nachdem im französischen Aspe-Tal eine Brücke eingestürzt ist und dabei ein Güterzug verunglückte.

Seitdem dämmert und bröckelt das unendlich lange Bauwerk in seinem Stilmischmasch aus Klassizismus und modern style vor sich hin. Es gibt noch einen Bahnhofsvorsteher, der morgens und abends einen Schienenbus abfertigt, der nach Jaca fährt. Das ist alles. Die vielen kurzen oder auch längeren Tunnel aber auf der französischen Seite sind inzwischen längst von den Touristen entdeckt worden, die darin eine moderne und zeitgemäße Art der Speläologie betreiben.

Aktuell in der Vallée d'Aspe aber ist die Frage, ob unter dem Col du Somport ein Straßentunnel gebaut werden soll: „Er wird die Paßstraße entlasten!" – „Nein, er wird neue Autolawinen in das Tal bringen!" – Gratwanderung ohne Ende.

Jahr für Jahr, bergauf, bergab: die „Tour de France", eine wilde Jagd durch das Gebirge

Wo von Eisenbahnen die Rede ist und vom Automobil, darf – vor allem in den Pyrenäen – auch das Fahrrad nicht fehlen. In den schönen Monaten hat man hier manchmal den Eindruck, daß eine Tour de France in Permanenz auf Achse ist. Man fährt im Auto auf eine Paßhöhe, überholt mühsam auf den kurvigen Straßen die strampelnden Radfahrer, muß dann aber erleben, daß jenseits des Passes, bei der Abfahrt ins Tal, diese Radfahrer plötzlich im Rückspiegel auftauchen und sich anschicken, einen zu überholen. Und sie tun es, jeder ein Poulidor oder Anquetil, jeder ein Bahamontès oder ein Indurain.

Am 1. Juli 1903 waren bei Paris sechzig Radfahrer zur ersten „Tour de France" gestartet. Ironischerweise hatte eine Zeitschrift mit dem Titel „L'Auto" diese Wettfahrt ins Leben gerufen. Über die holprigen, eher von Pferdefuhrwerken und Kutschen befahrenen Straßen der Zeit führte die Strecke über Lyon und Marseille nach Tou-

louse, von dort über Bordeaux und Nantes zurück nach Paris. Zwei Jahre später wagen sich die Organisatoren zum ersten Mal an eine Bergstrecke: die Fahrer müssen den Ballon d'Alsace, den Elsässer Belchen, bezwingen. 1910 aber soll die Tour durch die Pyrenäen führen: eine Etappe von Perpignan nach Luchon, die nächste Etappe von Luchon nach Bayonne. „Le cercle de la mort" werden die Fahrer diese Strecke nennen, den „Todeskreis". Er führt über vier Pässe, die noch heute das Herz eines jeden Radsportlers (... und Zuschauers) höher schlagen lassen: den Col de Peyresourde (1569 m), den Col d'Aspin (1304 m), den Col du Tourmalet (2115 m) und den Col d'Aubisque (1709 m). 1910 gab es Absagen von Fahrern, denen die Pyrenäen zu unheimlich waren, aber bald gehörten die Pässe zum Ritual und Repertoire der Tour, gibt es zu jedem Jahr in den Annalen der Tour die einschlägige Anekdote: wie dieser Fahrer sechzig Meter über die Böschung hinabstürzte, wie jener italienische Teilnehmer von patriotischen Franzosen mit dem Messer bedroht wurde, wie sich die Fahrer immer wieder der hilfreichen Zuschauer erwehren mußten, die sie ein paar Dutzend Meter schieben wollten. Letzteres wird in der Fachliteratur als tatsächlich große und Sekunden bringende, aber leider regelwidrige Hilfe gewertet.
Die Fahrer atmeten auf, wenn sie aus dem „Todeskreis" wieder heil herausgekommen waren. Die Zeitungskorrespondenten konnten ihre Berichte verfassen:

Es gibt keine Pyrenäen mehr. Wir haben sie heute überwunden und vom Fenster meines Hotels in Pau sehe ich sie als blaue Bergkette am Horizont, nur ein bißchen dunkler als das Blau des Himmels. Jetzt werden wir diese gewaltigen grünen Berggipfel vermissen, die mit ihren spitzen Graten in die Wolken stoßen. Wir werden diese weiten grasigen, mit Blumen und Farnen übersäten Flächen vermissen, auf denen Kühe weiden, deren Glöckchen sanft lauten, und wir werden den tiefblauen Himmel vermissen, dessen blendendes Licht sich auf dem grauen Fels mit seinen Flecken ewigen Schnees widerspiegelt.
Wie eine dünne Schnur zieht sich die enge und kurvige Straße hin.
Von der Paßhöhe aus sieht man tief unten und ganz in der Ferne in einem Tal die Fahrer langsam vorankommen.
Ein strohgedecktes Bauernhaus oder ein paar Tannen verdecken sie für einen Augenblick, aber jetzt erscheinen sie wieder, eine Stufe höher. Eine Kurve läßt sie erneut verschwinden und dann sind sie plötzlich da, über die Lenkstange gebeugt, in den Pedalen stehend, staubbedeckt, schnaufend – und sie öffnen den Mund nur, um mit rauher Stimme zu fragen: „Ist es noch weit bis zum Gipfel?"
Man gibt ihnen einen nassen Schwamm, in den sie ihr Gesicht drücken, ohne den Kopf zu wenden, und sie fahren auf dem steilen und steinigen Weg geradeaus weiter.

So war das 1935, beschrieben von Jean Oberlé. Fragen, wie weit es denn noch sei, brauchen die professionellen Radfahrer und Amateure heute nicht mehr zu stellen: entlang der Paßstraßen sind (zumindest im Departement Hautes-Pyrénées, das drei der vier mythischen Pässe sein eigen nennen kann) Schilder montiert, auf denen man Paßhöhe, Länge der Steigung, Höhenunterschied und die mittlere Steigung in Prozent studieren kann. Wer lange genug in die Pedale getreten ist, kann vom „Conseil Général" des Departements dann ein Diplom bekommen: für acht oder mehr Paßüberquerungen gibts das goldene! In einem Pauschalangebot fährt man selbst über die Pässe, Partnerin oder Partner fahren unten am Fuß des Gebirges, und ein Begleitfahrzeug transportiert das Gepäck. Die „Große Schleife der Pässe der Tour" nennt sich das. Eine Woche dauert die Lust – oder die Qual.
Die wilde Jagd der „Tour de France" aber dauert nur zwei Tage, dann ist die lange Karawane, ein lärmender Zirkus hinter den Rennfahrern, wieder aus den Bergen verschwunden. Im Jahre 1910, als die Tour zum ersten Mal durch die Pyrenäen führte, kam, gleichfalls aus Paris, ein junger spanischer Maler nach Céret, ganz im Osten des Gebirges: Pablo Picasso. Er hat lange Jahre später eine Skulptur geschaffen, die man auch als Hommage an das Fahrrad interpretieren könnte, den „Stierkopf" von 1943. Er hat sich an den schöpferischen Augenblick erinnert:

Raten Sie, wie ich diesen Stierkopf gemacht habe! Eines Tages fand ich unter altem Kram einen Fahrradsattel und daneben eine verrostete Lenkstange. Blitzschnell sind in meiner Vorstellung beide Teile zusammengewachsen ... Ohne Nachdenken ist mir die Idee zu diesem „Stierkopf" gekommen.

Ein paar Jahre später hat Picasso dann gemeint, es sei doch schön, wenn dieser Stierkopf einmal auf dem Müll landen würde und wenn dann jemand die Skulptur wieder in Ersatzteile für sein Fahrrad zerlegte – eine surrealistische Metamorphose.

Collioure und Céret: wo Fauvismus und Kubismus das helle Licht des Südens und der Welt erblickten

Aber noch ist der Surrealismus nicht geboren. Man schreibt das Jahr 1910, und da ist gerade der Kubismus im Entstehen. Céret, das Städtchen im Tal des Tech, das sonst vor allem durch seine Frühkirschen bekannt ist, hält sich gewissermaßen für die Geburtsstätte dieser Stilrichtung. Der katalanische Bildhauer Manolo Hugué, der in Céret arbeitete, hatte Picasso in den Süden gelockt, und bis zum Ersten Weltkrieg ist Picasso dann jedes Jahr dorthin gereist. Auch Georges Braque kam, es kamen Juan Gris und Marc Chagall, selbst Henri Matisse ließ sich von Collioure nach Céret locken.
Ein paar Jahrzehnte zuvor hatten die Künstler die Provence und die Côte d'Azur entdeckt. Einsamkeit, Ländlichkeit und billige Preise aber waren dort jetzt nicht mehr zu finden. So entdeckte Henri Matisse, zusammen mit André Derain, das wunderschön gelegene Städtchen Collioure. Es war im Sommer 1905, als sie dort hinkamen, um zu malen. Matisse war fasziniert:

Es gibt in Frankreich keinen blaueren Himmel als den von Collioure. Ich brauche nur die Fensterläden zu öffnen, und schon habe ich alle Farben des Mittelmeers bei mir.

Collioure sprach sich herum bei den Malerkollegen: auch Braque und Dufy, Juan Gris und Picasso haben hier gemalt. Die ersten in Collioure entstandenen Gemälde, die auf dem Pariser Herbstsalon gezeigt wurden, schockierten das Publikum durch ihre nackten „ausdruckslosen" Farben. Der Kritiker L. Vauxcelles brachte sein Unbehagen auf die Formel: „Je me sens au milieu des fauves!" – „Ich fühle mich wie unter wilden Tieren!" So kam die Gruppe um Matisse zu ihrem Namen „les fauves": Der Fauvismus war geboren.

Ein paar Jahre später dann Picasso, Braque und der Kubismus in Céret. Als Grund für die Wahl Cérets hat Picasso einmal gemeint, er zöge Thymian und Rosmarin dem Geruch von Pilzen vor, der für ihn sonst über der französischen Landschaft lag. Die örtliche Tageszeitung aber, „Le Courrier de Céret", konnte schon 1913 schreiben, die „künstlerische Dezentralisierung läßt unseren Handel florieren" – Kunst und Kommerz! Die Liaison hat bis heute gehalten.

Wie Collioure, wie Céret sollte auch das Fischerdorf Cadaqués in die Kunstgeschichte des 20. Jahrhunderts eingehen. Schon 1910 hatte André Derain dort gemalt; erst Salvador Dali aber wird Cadaqués zum strategischen Mittelpunkt seiner paranoisch-kritischen Welt machen. Er war in Figueras geboren und kannte Cadaqués seit seiner Kindheit. Im Sommer 1929 ist er dort mit Paul Eluard und dessen Frau Gala (Dalis späterer Frau), mit Magritte und Buñuel. Sein Haus entstand in Portlligat, einer Bucht nördlich von Cadaqués. Katalonien sei seine ewige Inspiration, hat er geschrieben, und so heißt denn eines seiner Gemälde etwa auch „La Gare de Perpignan". Die Narzissen der Pyrenäen aber tauchen in einem Gedicht auf, das er 1937 niederschrieb, um eines seiner Gemälde zu erklären, die „Metamorphose des Narziß":

Unter dem Riß der immer ferneren schwarzen Wolke
schwankt
die Waage des Frühlings unsichtbar
am reinen Aprilhimmel.
Auf dem höchsten Berg
neigt der Schneegott
sein blendendes Haupt über den schwindelnden Raum der
Spiegelbilder
und schmilzt vor Verlangen
zu senkrechten Tauwasserfällen,
bis er brausend vergeht im schreienden Kot des Gesteins
oder zwischen schweigendem Moos
hin zum fernen Spiegel des Sees
wo er eben,
die Schleier des Winters sind weg,
den leuchtenden Blitz
entdeckt hat,
sein genaues Ebenbild.
Als ob die entgottete Hochebene ganz sich
leerte,
senkte, zugrunde ginge
in Einsamkeit und unheilbarer Stille der Eisenoxyde,
während ihr Eigengewicht
die Tiefebene insgesamt
wimmelnd und apotheotisch
anhebt,
artesische Grasspringbrunnen
schießen dort schon in den Himmel,
und es wachsen empor
grade
zart
und hart
zahllose Blumenlanzen
betäubender, keimender Narzissenarmeen.

Narziß, man erinnert sich, war ein schöner junger Mann, der sich in sein eigenes Spiegelbild verliebte und sterbend, als er die Ausweglosigkeit seiner Liebe erkannte, in eine Blume verwandelt wurde: die Narzisse, der man auf den Bergwiesen der Pyrenäen immer wieder begegnet. „Narcissus poeticus" ist der wissenschaftliche Name der weißen Narzisse. An ihren natürlichen Standorten – so belehrt uns freilich ein ganz unpoetischer Pflanzenführer – ist sie ein Weideunkraut. Sie ist giftig und wird vom Vieh nicht gefressen, deshalb kann sie sich stark vermehren. Dali aber belehrt uns, daß die surrealistische Metamorphose vom jungen Mann zur Blume im Katalanischen ihre Entsprechung hat. Es gibt da nämlich die Redensart „eine Zwiebel im Kopf haben", und das bedeutet: nicht ganz richtig im Kopf sein.

„Metamorphose des Narziß" ist 1937 entstanden. Picasso wird in diesem Jahr das Bild „Guernica" malen: seit 1936 tobt in Spanien der gnadenlose Bürgerkrieg, der natürlich auch die Pyrenäen nicht verschont. Puigcerda etwa, die Hauptstadt der spanischen Cerdagne, gelegen auf einer weiten Hochebene in mehr als 1100 Meter Höhe, wurde damals zum großen Teil zerstört. Im Herzen der Stadt, wo einst die Kirche Santa María stand, gibt es heute einen Parkplatz. Nur der Kirchturm ist erhalten.

Spanischer Bürgerkrieg oder die „Desastres de la guerra" im zwanzigsten Jahrhundert

Als der Bürgerkrieg im Juni 1936 mit dem Militärputsch General Francos in Spanisch-Marokko begann, schien Spanien ein Land, das zu ewiger Unruhe und zu ewigen Wirren verdammt war. In den letzten hundert Jahren zuvor hatte es schon drei Bürgerkriege gegeben, dazu sieben Staatsstreiche und ein halbes Dutzend verschiedenster Verfassungen. Aber die Probleme des Landes waren nie gelöst worden: auf der einen Seite stand der Großgrundbesitz, auf der anderen ein ländliches Proletariat, das nach einer Landreform verlangte. Ungelöst waren die Probleme zwischen der Zentralgewalt und den Autonomiebestrebungen der Basken und Katalanen, ungelöst das Problem einer Staatsreligion. Spanien war weit hinter der Zeit zurück. Als es im Frühjahr 1936 nach einem Wahlsieg der Linken zur Bildung einer „Volksfront-Regierung" kommt, antwortet die Rechte mit dem Militärputsch.

Der Putsch ist schnell zum Bürgerkrieg geworden, und dieser wird von beiden Seiten mit brutaler Härte geführt, mit wilder Zerstörungswut und summarischen Exekutionen. Darüber hinaus bleibt der Bürgerkrieg keine nationale Tragödie, er wird zum Schauplatz internationaler Macht- und Militärpolitik. Die Sowjetunion, Mexiko und Frankreich unterstützen die Linke, in den „Internationalen Brigaden" sammeln sich Tausende von Kämpfern gegen das Franco-Regime: Russen und Amerikaner, Deutsche und Franzosen. Franco findet Hilfe bei Mussolini und Hitler, der die „Legion Condor" nach Spanien schickt.

Francos Truppen haben schnell einen Landstreifen von Gibraltar bis zu den westlichen Pyrenäen in der Hand, etwa ein Drittel des spanischen Territoriums. Der Südosten des Landes, Katalonien und das Baskenland bleiben republikanisch, und auch die Hauptstadt Madrid, die jahrelang belagert wird.

Es ist kein Zufall, daß gerade im Baskenland und in Katalonien so erbittert gegen die „nationale" Erhebung Francos gekämpft wird. Dahinter steckt der uralte Kampf für die Autonomie, die Unabhängigkeit von Kastilien. Es kommt die soziale Problematik hinzu: Katalonien war im Vergleich zum übrigen Spanien eine industrialisierte Region, wo sich schon im 19. Jahrhundert eine höchst aktive Arbeiterbewegung entwickelt hatte, in der besonders anarchistische und syndikalistische Richtungen vorherrschten.

Die Stadt Guernica im Baskenland aber wurde zum Symbol gnadenloser Vernichtung. Von Deutschland aus gesehen war Guernica eine Stadt wie alle anderen, allenfalls günstig gelegen für einen Angriff aus der Luft. Für die Basken aber barg die Stadt ihr Nationalheiligtum: die Eiche von Guernica. Unter ihr versammelten sich jedes Jahr die Vertreter der baskischen Gemeinden, unter ihr hatten die spanischen Könige die Sonderrechte des baskischen Volkes zu beschwören. Auch das baskische Nationallied besingt diesen Baum:

Guérnikako arbóla
Da bedeinkatua,
Euzkaldunen artéan
Gustiz maitatua.
Emanda zabalzuza
Munduan frutuá;
Adoratzen zaitugu
Arbóla santuá!

Der Baum von Guernica ist geweiht / Und wird von allen Basken geliebt. / Breite deine Frucht aus in aller Welt, / Wir werden dich verehren, heiliger Baum!

Gott selbst soll die erste Eiche von Guernica gepflanzt haben, die dann immer wieder durch neue Exemplare ersetzt wurde. Aus historischer Zeit weiß man, daß ein Baum gegen Ende des 18. Jahrhunderts abstarb, daß sein Nachfolger es nur auf hundert Jahre brachte und 1892 von einer vorsorglich schon 1860 gepflanzten Eiche ersetzt wurde.

Und dann kam jener unglückselige 26. April 1937. Im März hatte die Offensive Francos gegen das Baskenland, die „Republik Euskadi", eingesetzt. Von Navarra aus, nur 20 Flugminuten entfernt, begann die „Legion Condor" mit Luftangriffen, denen die Bevölkerung und die baskischen Truppen wehrlos ausgesetzt waren. Am Nachmittag des 26., einem Markttag, erschienen die deutschen Kampfflugzeuge über Guernica. In der folgenden Nacht durchquert eine Truppe der baskischen Armee die brennende Stadt:

Außer dem Zischen und Brausen der Flammen hörte man keinen Laut. Niemand redete, und selbst die Ochsen, die ziellos durch die Straßen trotteten, waren sill. Jeder war wie betäubt.
Ich kannte Guernica gut, es war nicht wiederzuerkennen. Es ist eine kleine Stadt mit roten Dächern und weißen Mauern gewesen, sehr sauber. An Markttagen kommen die Leute meilenweit her, um hier Esel, Kühe und landwirtschaftliche Produkte zu handeln. Markttage waren immer lustige Tage. Die Leute saßen herum, handelten, tranken Wein und sangen. Heute sang niemand. Tote Tiere lagen verkohlend in den Straßen. Die Wolken hingen niedrig. Der Himmel schien erfüllt mit züngelnden Flammen, denn die Wolken spiegelten die brennende Stadt.
Wir zogen eilig durch Guernica in Richtung Front weiter. Wir marschierten eine Meile und sahen dann zurück. Wir sahen Guernica brennen und hörten noch immer das Zischen der Flammen, aber nirgends hörten wir eine menschliche Stimme. Dann stiegen wir schweigend in die Berge hinauf.

Soweit der Augenzeugenbericht des Sergeanten Aristarco Yoldi. Die Zahl der Todesopfer konnte – wie auch später nach den Luftangriffen des Zweiten Weltkriegs – nie genau festgestellt werden: 1600? 2000? Man weiß es nicht. Einen Monat später fällt Bilbao, und im September 1937 gibt es keine Republik Euskadi mehr.

In Katalonien brach der republikanische Widerstand 1939 zusammen. Eine fast gespenstische Szene dieses Zusammenbruchs spielte auf der Burg von Figueras. Dort trat am 1. Februar noch einmal das 1936 gewählte Parlament zusammen, die Cortes. In den eiskalten Gewölben, die früher als Stallungen für Pferde gedient hatten, wurde eine Resolution verabschiedet, die vom Recht Spaniens auf die Einheit seines Territoriums und die freie Selbstbestimmung seines Schicksals sprach. Die Sitzung schloß mit der traditionellen Formel: „Die nächste Sitzung wird wie üblich mitgeteilt."

Draußen zog inzwischen ein endloser Flüchtlingsstrom durch die Stadt: Hunderttausende von Spaniern waren auf der Flucht nach Frankreich, das angesichts der Situation seine Grenzen geöffnet hatte. Von Perpignan aus ist damals der deutsche Schriftsteller Gustav Regler, der zuvor selbst in den Internationalen Brigaden gewesen war, im Wagen eines amerikanischen Journalisten zur Grenze in den Pyrenäen hinaufgefahren:

Es war eine tragische Landschaft. Unter einem blühenden Ginster lag ein Sterbender; er war schon gelb, und seine Augen irrten suchend in den weißen Blüten über ihm. Ein dichtbehaarter Mann saß vor seinem Esel, der sich anscheinend geweigert hatte, weiterzugehen, und wartete.
Wir waren nun an der Grenze. Sie war belebt wie ein mittelalterliches Bild der Kreuzigung Christi. Überall von den Hügeln stiegen Gruppen von Zivilisten herab. Sie gingen würdig und mit einem sichtbaren Vertrauen in das Schicksal, das sich da mit der bewachten, von Militär wimmelnden Ebene vor ihnen auftat.
Einige kamen und hatten in den Händen Erde, die sie beim Verlassen ihres Dorfes aus dem letzten Feld der Gemarkung aufgegriffen hatten.
Andere Bauern kamen singend.
Wie Sterbende oft eine überhelle Heiterkeit haben, so trieben diese Fliehenden im Wind einer Ausgelassenheit, die uns traurig an der Grenze stehenden Freunde verwunderte und noch schwermütiger machte; fühlten sie schon, daß bald ein Dutzend europäischer Völker dieselben Wege ziehen würde?

Administrativ gesehen waren die Flüchtenden in Frankreich natürlich ungebetene Gäste. In aller Eile mußten die Unterkunft und die Verpflegung für eine halbe Million Menschen organisiert werden. So entstanden am Fuß der Pyrenäen bei Orten, die heute als Ferien- und Urlaubsziele einen guten Klang haben, stacheldrahtumzäunte Barackenlager, in die die Flüchtlinge gepfercht wurden: Agde, Le Barcarès, Rivesaltes, Saint-Cyprien, Argelès. Weiter im Land: Prats-de-Mollo, Vernet d'Ariège und Gurs, ein unscheinbares Dorf im Departement Pyrénées Atlantiques.

Schicksale im Schatten der Pyrenäen: „Baracken – Winter – Finsternis" oder der Teufel in Frankreich

Das war im späten Winter und im Frühjahr 1939. Am 1. September beginnt mit dem deutschen Angriff auf Polen der Zweite Weltkrieg, und bald werden einige dieser Lager benutzt, um dort Deutsche zu internieren, politische Emigranten und deutsche Juden, die aus Deutschland geflüchtet waren. „Gott in Frankreich" hatte Friedrich Sieburg seinen großen, 1929 erschienenen Versuch über unseren westlichen Nachbarn genannt. „Der Teufel in Frankreich" wird Lion Feuchtwanger seinen Erinnerungen an das unglückselige Jahr 1940 als Titel geben. Seit 1933 hatte Lion Feuchtwanger in Sanary-sur-Mer an der Côte d'Azur gelebt. 1940 wird er, wie andere deutsche Schriftsteller, im Lager Les Milles bei Aix-en-Provence interniert. Nach dem deutschen Einmarsch in Frankreich werden die Internierten mit der Eisenbahn weitertransportiert. Niemand weiß, wohin. Nach Marseille? Aber dann fährt der Zug nach Westen:

Wir fuhren die Pyrenäen entlang. Es regnete und regnete und war sehr kalt. Auch diesmal war es eine kleine Erleichterung, als durch die Luken der grauende Tag hereinkam. Aber alle waren wir zerschlagen. Viele sagten verbissen, eine weitere solche Nacht hielten sie nicht aus.
Einige fielen über mich her und warfen mir vor, ich sei an dem ganzen Elend schuld. Wenn ich nicht wäre, wenn ich nicht erwirkt hätte, daß man ihnen die Wahl gelassen hätte, in Les Milles zu bleiben oder mit uns zu gehen, dann säßen sie wohl jetzt noch ruhig in Les Milles. Und sie beschimpften mich, und sie verlangten zurück aus dem schrecklichen Zug nach den Fleischtöpfen Ägyptens.

Über Tarbes, Lourdes und Pau erreicht der Zug schließlich Oloron. Dort in der Nähe, das wissen die Männer, sind ihre Frauen interniert, in Gurs. Sie selbst werden weitertransportiert, nach Bayonne. Abstellgleis in Bayonne – und dann fährt der Zug zurück, wieder nach Osten, an den Pyrenäen entlang, Pau, Lourdes, dann Toulouse und schließlich Nîmes, ein neues Lager. Mit Hilfe von außen gelingt es Feuchtwanger zu fliehen, aber der Versuch, von Marseille aus mit einem Schiff das Land zu verlassen, scheitert. Schließlich wurden Feuchtwanger und seine Frau von dem amerikanischen Emergency Rescue Committee um Varian Fry über die Pyrenäengrenze zwischen Cerbère und Portbou geschleust. Mehr als tausend deutschen Emigranten hat diese Gruppe bei der Flucht vor der Gestapo geholfen, unter ihnen Heinrich Mann, Franz Werfel und Max Ernst, um nur diese drei Namen zu nennen. Tragisch endete die Flucht Walter Benjamins, der schon spanischen Boden erreicht hatte, dann aber befürchten mußte, wieder abgeschoben zu werden und sich das Leben nahm.
Bis zu dreimal in der Woche machte Lisa Fitko, eine der Mitarbeiterinnen des Rescue Committees, den Weg über die Pyrenäen, die sogenannte F-Route. Sie wußte, was auf dem Spiel stand, denn sie war trotz ihres aktiven Widerstandes gegen das Dritte Reich interniert und mit Tausenden anderer Frauen nach Südfrankreich transportiert worden. Sie wußte auch, was sie erwartete, als sie am Ende der Reise das Bahnhofsschild „Oloron-Ste-Marie" las, denn nach Gurs bei Oloron hatte sie Briefe und Päckchen geschickt an die dort internierten Angehörigen der ehemaligen Internationalen Brigaden:

Es ging über eine enge Brücke. Auf beiden Seiten standen baskische Bauersfrauen; feindselige Augen starrten uns an. Knochige, böse Köpfe saßen auf säulenartigen Gestalten, vom Kinn bis zu den Füßen in Schwarz gehüllt. Wortlos spuckten sie uns an und warfen Steine. In dem Traum, der von Zeit zu Zeit wiederkehrt, sehe ich die kleine Brücke in Oloron immer vor dieser Mauer des Hasses. Im Traum ist natürlich alles verzerrt.

Heute, mehr als ein halbes Jahrhundert später, stehen wir in Oloron auf einer der Brücken, die über den Gave d'Osseau oder den Gave d'Aspe führen, und fragen uns etwas beklommen: „Ist es diese Brücke gewesen?" Doch eine Antwort ist da natürlich nicht zu bekommen: Die Leute in Oloron sind freundlich, entgegenkommend, die Handelsreisenden, morgens im Hotel beim Frühstück, sprechen mit gewichtigen Sätzen ihr Handy warm, die vielen kleinen Blechkreuze an Türen und Hauswänden – wir sind auf einem der Wege nach Santiago de Compostela – blinken im Sonnenlicht, die Dame, die einer Reisegruppe das romanische Portal der Kathedrale Sainte-Marie beschreibt, weiß die schönsten Anekdoten, und überdies ist Oloron für seine Schokolade und seine Baskenmützen berühmt. „Soll man da ein böses Ereignis aus der Vergangenheit noch einmal wachrufen?“ fragen wir uns. Und dann versuchen wir uns vorzustellen, was in den Frauen am Straßenrand vorgegangen sein mag. Sie sahen da wohl nicht Internierte, Vertriebene, sie sahen Deutsche, Feinde, die gerade Frankreich überfallen hatten.

Dann sind wir weitergefahren nach Gurs: zuerst ein Lager für die Besiegten des Spanischen Bürgerkriegs, dann das Lager für internierte Frauen, dann das Lager für die 6000 aus Baden und der Pfalz deportierten deutschen Juden. Unter ihnen der fast siebzigjährige Dichter Alfred Mombert, der im Dreck und Morast der „Baracken-Winter-Finsternis“ versucht, sich seine lyrisch-mythische Welt zu erhalten:

Hinter mir gelassen: Germania! –
Hinter mir gelassen: Italia! –
Hinter mir gelassen: Graecia! –
Helvetia! – Aigyptos!
Matterhorn! – Ätna!
Die Meere der Erde!
Doch schmolz ich sie alle ein in Geist –

Jetzt aber schau' ich mein Land –
jetzt schau' ich meine Stätte –
Ich schaue die Zelte der Finsternis –
Ich schaue den diamantenen Glanz der Pforten der Toten Welt –
Baracken-Winter-Finsternis

Dach bewirbelt die Regen-Trommel.
Blitzt die Pyrenäen-Nacht!
Leuchtet die Ferne der Schnee-Gipfel.
Dahinein sturm-höhnisch rot-funkelt
naher Rost reißenden Eisen-Verhaus –

Die endlosen Reihen der Baracken sind verschwunden. Es gibt ein paar Dutzend Meter Eisenbahngleise, Gedenktafeln. Bäume sind gewachsen; in ihrem Schatten liegt still der Friedhof. Eine Frau kehrt Herbstlaub zusammen. Sonst sind wir allein hier, an den Pforten der Toten-Welt: Reisen sind auch immer Reisen in die Vergangenheit.

Gurs liegt abseits der großen Reiserouten, aber man ist schnell wieder in Oloron, man ist schnell in Pau, der Stadt des „bon roi Henri IV“, man kann hinauffahren zum „Parc National des Pyrénées“ oder hinüber nach Mauléon-Licharre, wo die „Espadrilles“ ihren Siegeszug um die Welt begannen, oder man kann es mit Lourdes versuchen: so viel Ziele – so viele Straßen!

Wallfahrten oder Wanderungen – die Pyrenäen auf dem schwierigen Weg in die Zukunft

Lourdes wollen wir links liegen lassen; es gehört eigentlich ins 19. Jahrhundert, als Wunder der wankenden Volksfrömmigkeit zu Hilfe kamen. Touristisch gesehen aber ist Lourdes noch heute das wahre Zentrum der Pyrenäen. Seine Kapazität an Hotelbetten wird in Frankreich nur von Paris übertroffen. Fünf Millionen Menschen kommen jährlich nach Lourdes. Bei Tucholsky kann man nachlesen, wie das alles abläuft; hinzugekommen ist inzwischen eine unterirdische Basilika für 20.000 Besucher, eine „Mischung aus Parkhaus und Radrennbahn“, wie ein modernes Pyrenäenbuch anmerkt. Der Wunderheilungen sind freilich weniger geworden, und man setzt in Lourdes jetzt auch auf einen nicht mehr religiös orientierten Tourismus: Der See von Lourdes soll zu einem irdischen Strandparadies ausgebaut werden plus Golfplatz plus luxuriöse Ferienwohnungen. Aber auch das Profil der Lourdes-Pilger hat sich gewandelt: Es gibt immer mehr Besucher mit psychischen Problemen, Leute, die einsam sind, die nicht mehr mit sich zurechtkommen, die seelischen Rat brauchen – doch auch hier sind Wunder wohl eher selten.

Mit großen Besucherzahlen kann inzwischen aber auch der französische Nationalpark der Pyrenäen aufwarten: zwei Millionen Menschen sind es, die dort Jahr für Jahr die Natur suchen. Aber der Nationalpark zieht sich über 100 km von der Vallée d'Aspe zur Vallée d'Aure, und die Mehrzahl der Besucher bleibt auf den Straßen oder sammelt sich an den touristischen Glanzpunkten. Wer Stille und Einsamkeit sucht, hat also keine Mühe, sie zu finden, allenfalls die Mühe des Laufens und des Kletterns.

Entstanden ist der Nationalpark 1967. Als langer Streifen, der nirgendwo mehr als 15 km breit ist, verläuft er entlang der französisch-spanischen Grenze und setzt sich auf spanischer Seite, jenseits des Pyrenäenkamms, im Ordesa-Nationalpark fort: nördlich der Cirque de Gavarnie, südlich der Monte Perdido. Schon um 1800 begeisterte sich Ramond de Carbonnierès, einer der Pyrenäen-Pioniere:

Vom Montblanc muß man zum Mont-Perdu kommen; wenn man den ersten der Granitberge gesehen hat, dann muß man auch den ersten unter den Kalksteinbergen sehen.

Während des 19. Jahrhunderts wird dann ein Pyrenäengipfel nach dem anderen von den Bergsteigern „erobert“. An den Beginn des 20. Jahrhunderts aber wollen wir den Journalisten Lucien Briet stellen. Zwischen 1902 und 1911 hat er die Landschaft um die Täler von Ordesa und Guara fotografiert, ist mit einem Führer in die unwegsamsten Winkel gestiegen, hat sich sein schweres fotografisches Gerät von einem Träger transportieren lassen und hat so eine ganz einmalige Dokumentation zusammengebracht: 1600 Platten über die Pyrenäen. Immer wieder ist er an die eindrucksvollsten Stellen zurückgekehrt:

Unter wievielen verschiedenen Aspekten habe ich den unerschöpflichen Glanz des Kessels von Soaso (im Ordesa-Tal) genossen! Ich habe ihn nachts bewundert, wenn er einem fahlen Gespenst gleicht; ich habe ihn durch die tausend Stäbchen eines Eisregens bewundert; ich habe ihn im Feuer der Mittagshitze gesehen, ich habe ihn bewundert, wenn er voller Dampf war, der ihn rauchen ließ, wie einen Vulkan. Der Soaso-Kessel ist aus dem Berg gehauen, aus dem reinen und großartigen Marmor, in dem die Pyrenäen ihren Ruhm für ewige Zeiten festhalten wollten.

Große Worte, aber diese Bergwelt gehört in ihrer Großartigkeit, in ihrer Vielfalt und Unberührtheit sicher zu den schönsten Europas. Nicht zu vergessen natürlich auch der andere spanische Nationalpark in den Pyrenäen, Aigües Tortes, mit seinen Bächen und Wasserfällen, seinen mehr als dreihundert Seen und Teichen. Vergessen wollen wir auch nicht die großen Wanderwege, die vom Atlantik durch die Pyrenäen bis zum Mittelmeer führen: wenn man so will, die moderne, weltliche Konkurrenz des alten Jakobswegs. Auf der spanischen Seite verläuft die Senda pirenaica vom Cabo Higuer bei Fuentarrabia zum Cap de Creus bei Cadaques. So ungefähr einen Monat braucht man für die 850 Kilometer. Auf der französischen Seite kommen sogar noch 20 Kilometer dazu. Der GR 10, Großwanderweg Nr. 10, mißt, Schritt für Schritt gemessen, 870 Kilometer und führt von Hendaye, genau gegenüber dem Cabo Higuer, nach Banyuls. Wie mag einem zumute sein, wenn man, in Hendaye angekommen, den Wanderführer „GR 10“ aufschlägt und sich orientiert:

Vom Casino schlägt man zunächst die Richtung zur Altstadt von Hendaye ein. Entlang der Bucht bleibt man solange auf der N 10c, bis diese einen Bachlauf überquert. Dort orientiert man sich nach Osten, überquert die Bahntrasse und gewinnt langsam an Höhe …

Und so fort, Tag für Tag, 870 Kilometer, einen Monat lang. Erst dann wird man wieder auf Meereshöhe hinunterkommen, eine ganz andere Landschaft entdecken und vielleicht auch selbst ein bißchen ein anderer geworden sein. Ja, die Pyrenäen sind auch eine Landschaft zum Träumen. Man kann sich das so ausmalen, eine lange, lange Wanderung vom Baskenland bis nach Katalonien, oder eine Woche auf dem Chemin des Cathares, oder, warum nicht, ein Stück auf dem Jakobsweg:

Mit nötigen Dingen
Soll man nach Art der Väter
Ausgerüstet sein:
Pilgerstab und Reisetasche
Dürfen nicht fehlen,
Dazu ein großer Hut
Und gegen Unwetter
Ein weiter Mantel.

Foix: politischer Mittelpunkt der einst mächtigen Grafschaft Foix, die erst 1590 zur französischen Krone kam, war die Burg, deren drei Türme zum Wahrzeichen der Stadt geworden sind.

Eine Erinnerung an die Vor-Bernadette-Zeit von Lourdes ist die mittelalterliche Burg auf einem Kalkfelsen mitten in der Stadt – schon Karl der Große hat sie im Jahre 778 belagert.
Heute ist darin das vorzügliche Pyrenäen-Museum.

Unter den steilen Felshängen der Serra de Cadí (südlich von Andorra) das Dorf Arsèguel. Ein Akkordeon-Museum gibt es hier, eine Wollfabrik und 78 Einwohner.

Nächste Seite:

Im Gegensatz zu den eher steilen und engeren Tälern der französischen Pyrenäen erwarten einen auf der spanischen Seite – wie hier bei Tremp in der Provinz Lerida – lange, weite Täler.

Morillo de Liena im Ésera-Tal: ländliche Wochenend-Idylle vor der von der Erosion aufgerissenen Flanke des Gebirgsstockes.

Nächste Seite:

Auf halbem Weg zwischen Foix und Montségur, versteckt in den Bergen und Wäldern des Pays d'Olmes, das Dörfchen Freychenet.

Die einen sprechen vom „Carcassonne des Himmels", die anderen von einem „großen Fingerhut auf einem Riesenfinger": die dezent restaurierte Katharerburg Quéribus.

Nächste Seite:

Die trocken-karge Landschaft der Serra de Montsec – hier bei Castissent – verbindet ganz im Süden der Pyrenäen Katalonien und Aragon.

Wie in einem eisernen Käfig gefangen: die Glocken der Kirche von Catllar (bei Prades) – vielleicht, damit sie in den Nächten vor Ostern nicht nach Rom fliegen.

Cucugnan in den Corbières: mit Alphonse Daudets Geschichte vom „curé de Cucugnan“ in den „Briefen aus meiner Mühle“ ist das Dorf in die Literaturgeschichte und in die französische Folklore eingegangen. Unten im Tal der Friedhof.

Escó (Sierra de Leyre): manche der spanischen Pyrenäendörfer sind unter Stauseen verschwunden, andere sind der Landflucht zum Opfer gefallen.

Fast 700 Meter über dem Mittelmeer, das sich im Wolkendunst versteckt, steht dieses Kreuz beim alten Kloster Sant Pere de Rodes über der Bucht von El Port de la Selva. „Hier hören die Pyrenäen auf", hätte Tucholsky geschrieben.

Ganz in der Nähe von Kreuz und Kloster die kleine Kirche Santa Elena aus vorromanischer Zeit; auch sie aus Furcht vor Piraten hier oben erbaut.

In der Reserva nacional de Viñamala: Ob der Schutz des Naturreservats auch den verfallenden Häusern des Dorfes Lanuza gilt? 160 der 360 Dörfer des Hoch-Aragon sind inzwischen unbewohnt.

Nächste Seite:

Ainsa, am Zusammenfluß von Río Ara und Río Cinca. Der Ort mit seiner schönen Altstadt war einmal Herrschersitz eines unabhängigen Königreiches Sobrarbe, das freilich nur von 1035 bis 1044 existierte. Sic transit gloria mundi.